通常の学級でやさしい学び支援

改訂 読み書きが苦手な子どもへの〈漢字〉支援ワーク

令和6年度版 教科書対応

光村図書 4年

◇ **読めた！書けた！**漢字って簡単でおもしろい！
◇ 漢字の特徴をとらえた**新しいアプローチ！**
◇ **教科書**の新出漢字が楽しく学習できる**ワークプリント集**

竹田契一 監修　村井敏宏・中尾和人 著

明治図書

はじめに

平成十九年から全国の小中学校で一斉に開始された特別支援教育。それは、子どもたち一人ひとりがどこでつまずいているのかをしっかり把握し、その子の学び方に応じて支援をしていくという新しい教育プログラムのスタートでした。中でも読み書きが苦手な子どもたちへどのように支援していくかが大きな課題でもありました。

しかし発達障害が背景にある読み書きが苦手な子どもの場合、単なるケアレスミス、うっかりミスで出来ないのではなく、聴く力では音韻認識の弱さ、見る力では視空間処理の弱さなど大脳機能が関係する中枢神経系の発育のアンバランスが原因であることが多いのが特徴です。この場合、「ゆっくり、繰り返し教える」という学校、家庭で使われている一般的な方法では、その効果に限界がみられます。

この〈漢字〉支援ワークは新しい教科書に合わせた内容になっており、しかも教室で教わる順番に漢字学習ができるようにセットされています。またこのワークは著者の村井敏宏、中尾和人両先生方のことばの教室での長年の経験を通して子どもたちの認知特性に合わせた貴重な指導プログラムの集大成となっています。左記のような「つまずき特性」を持った子どもに対してスモールステップで丁寧に教える〈漢字〉支援のワークシートとなっています。ぜひご活用ください。

1. 読みが苦手で、読みから漢字を思い出しにくい。
2. 形を捉える力が弱く、漢字の形をバランス良く書けない。
3. 「視機能、見る力」が弱く、漢字の細かな形が捉えられない。
4. 多動性・衝動性があるため、漢字をゆっくり丁寧に書くことが苦手。
5. 不注意のために、漢字を正確に覚えられず、形が少し違う漢字を書いてしまう。

漢字が苦手な子どもは、繰り返し書いて練習するだけでは覚えていけません。一人ひとりの特性に応じた練習方法があります。〈漢字〉支援ワークを使ってつまずきに応じた練習をすることにより、自分の弱点の「気づき」につながり、「やる気」を促します。

読み書きが苦手な子どもが最後に「やった、できた」という達成感を得ることが出来ることを願っています。

監修者　竹田契一

もくじ

3学期（教科書 光村図書4年・下93〜131ページ） 99

共連願望失辺低敗老底票陸管衣完験別残希努束
巣産候察特兆億鏡散民覚勇笑

＊本書の構成は、光村図書出版株式会社の教科書を参考にしています。
＊教材プリントは、自由にコピーして教室でお使いください。
＊学習者に応じて**A4サイズに拡大**して使用することをおすすめします。

ワークシートの使い方

この本には、『通常の学級でやさしい学び支援3、4巻　読み書きが苦手な子どもへの〈漢字〉支援ワーク』に掲載されている4種類のワークについて、4年生の教科書で教わる202字の漢字すべてを収録しています。

1　かくれたパーツをさがせ

字の一部が隠された漢字を見て、正しい部首やパーツを書き入れるワークです。「『陸』につく『こざとへん』は『おか』や『盛り土』の意味がある」など、部首の意味や形にも注目して書いていけるように支援してください。思い出しにくい場合には、8ページの「漢字パーツ」表を拡大して見せて、いくつかの中から選ばせることも有効な支援です。

下の文章には、問題の漢字だけでなく、既習の漢字も書き入れるワークになっています。

2　漢字足し算

2〜4個の部首やパーツを組み合わせてできる漢字を考えさせるワークです。部首やパーツの数が多くなると、その配置もいろいろな組み合わせが出てきます。部首やパーツは筆順通りに並んでいるので、書くときのヒントにしてください。わかりにくい場合には、□を点線で区切って配置のヒントを出してあげてください(左図)。

配置のヒント例

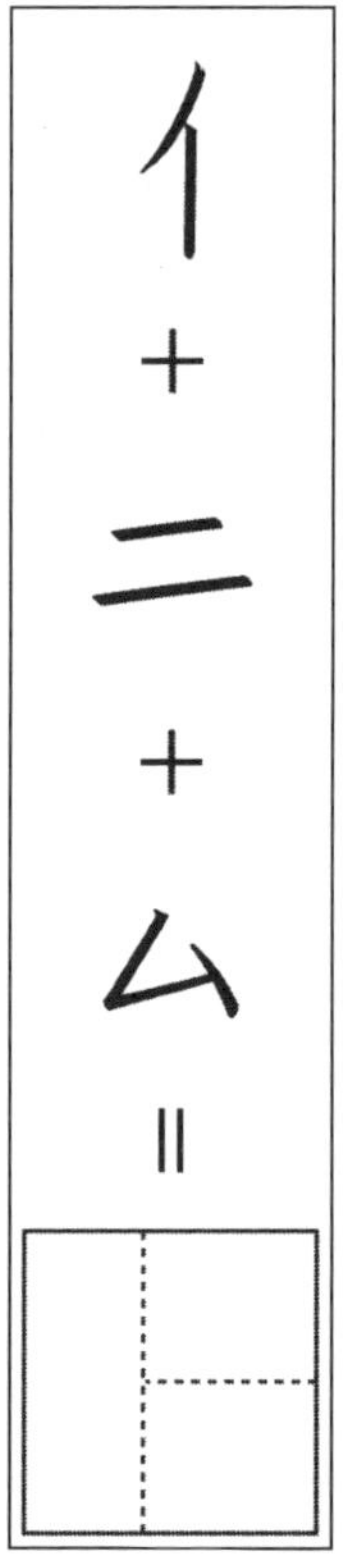

漢字を書いた後に、「『にんべん』の横に『二』『ム』で『つたえる』」のように式と答えを唱えさせるとよいでしょう。

3 足りないのはどこ（形をよく見て）

部分的に消えている熟語の足りない部分を見つけて、正しく書いていくワークです。（一部、熟語ではないものも含まれています。）

熟語の漢字の両方に足りない部分があります。線の数や細かい部分にも注意させてください。読みの苦手な子どもには、自分で書いた熟語だけを見せて、読みの練習もさせるとよいでしょう。

子どもによっては知らない熟語も含まれています。子どもに意味を説明させたり、どんな風に使われるかの例を示してあげることも語いを増やしていくことにつながります。

熟語として漢字を覚えていくことは、読解の力をつけるとともに、生活に活きることばの学習につながります。

4 漢字を入れよう

文を読み、文脈から漢字を推測して書いていくワークです。

漢字の読み方は文章の流れで決まってきます。そのため、文章を読む力が漢字の読みの力につながってきます。

ワークの左端には、□に入る漢字をヒントとして載せています。はじめはヒントの部分を折って、見ないで書かせましょう。また、漢字が苦手な子にはヒントを見せて選んで書く練習をするなど、子どものつまずきに合わせて使い分けてください。

漢字パーツ　4年生

冫	にすい
亻	ぎょうにんべん
阝	こざとへん
子	こへん
扌	てへん
歹	いちたへん
牛	うしへん
方	かたへん
礻	しめすへん
火	ひへん
衤	ころもへん
禾	のぎへん
米	こめへん
車	くるまへん
金	かねへん
馬	うまへん
卩	ふしづくり
刂	りっとう
幺	いとがしら
阝	おおざと
彡	さんづくり
寸	すん
巾	はば
斤	おのづくり
斗	とます
文	のぶん・ぼくにょう
豕	いのこ・ぶた
頁	おおがい
𠆢	ひとやね
耂	おいかんむり
⺮	たけかんむり
勹	つつみがまえ
戈	ほこがまえ
儿	ひとあし
灬	れんが
水	したみず
广	まだれ
廴	えんにょう
辶	しんにょう

1 学期

1

かくれたパーツをさがせ　1

白いぼうし①

月　日

名前

かくれたパーツをさがして、かんせいさせよう。

① 言（シン）
□《あかしんごう》で□《と》まる。

② （タツ）
□《そくたつ》で□《おく》る。

③ （と(ぶ)）
□《とり》が□《そら》を□《と》ぶ。

④ （セキ）
□《きゃくせき》を□《ようい》する。

⑤ （た(てる)）
□《いえ》を□《た》てる。

⑥ 采（サイ）
□《やさい》を□《た》べる。

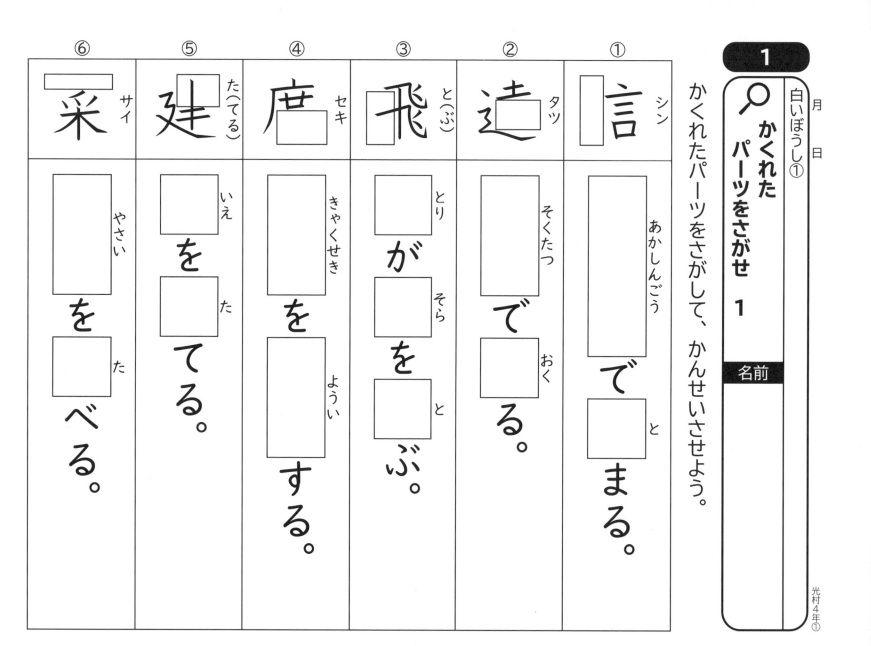

2 かくれたパーツをさがせ 2

名前

かくれたパーツをさがして、かんせいさせよう。

① □票《ヒョウ》
□《もくひょう》を□《た》てる。

② □列《レイ》
□《れいぶん》を□《か》く。

③ □去《ホウ》
□《ほうほう》を□《かんが》える。

④ 类□《ルイ》
□《ことば》を□《ぶんるい》する。

⑤ □幾《キ》
□《ひと》に□《あ》う□《きかい》。

⑥ □戒《カイ》
□《きかい》で□《うご》く□《にんぎょう》。

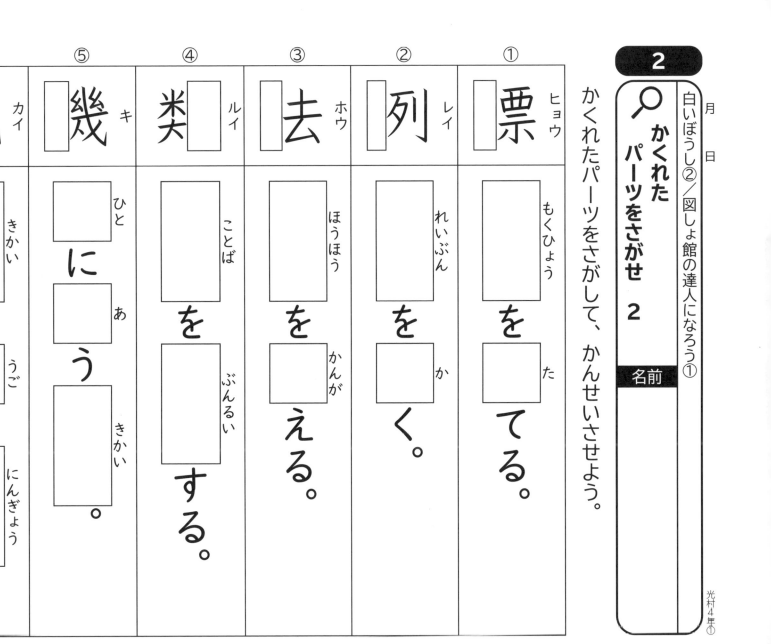

月　日

図しょ館の達人になろう②／漢字じてんを使おう①

3

かくれたパーツをさがせ　3

名前

かくれたパーツをさがして、かんせいさせよう。

① 司□（シ）

□《がっきゅうかい》の□《しかい》者。

② 曲□（テン）

□《ひゃっか》□《じてん》を□《み》る。

③ 川□（ジュン）

□《じゅんばん》を□《ま》つ。

④ 金□（ロク）

□《ばんぐみ》を□《ろくが》する。

⑤ 舌□（ジ）

□《じしょ》で□《しら》べる。

⑥ 斤□（な(る)）

□《かんじ》の□《な》り□《た》ち。

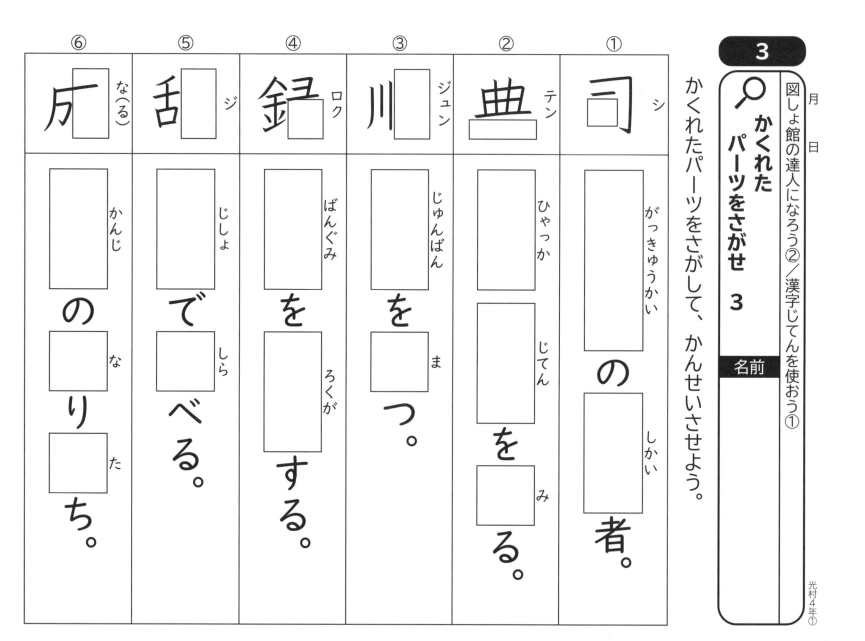

4

漢字辞典を使おう②

かくれたパーツをさがせ 4

月　日

名前

かくれたパーツをさがして、かんせいさせよう。

① □川 クン
□《しょうか》□《くんれん》をする。

② 𠂤□ しるし
□《あか》い□《めじるし》。

③ □争 しず(か)
□《しず》かな□《よる》の□《もり》。

④ 愛 アイ
□《あね》の□《あいどくしょ》。

⑤ □作 サク
□《さくねん》の□《ふゆ》のこと。

⑥ □成 しろ
お□《しろ》の□《けんがく》。

光村4年①

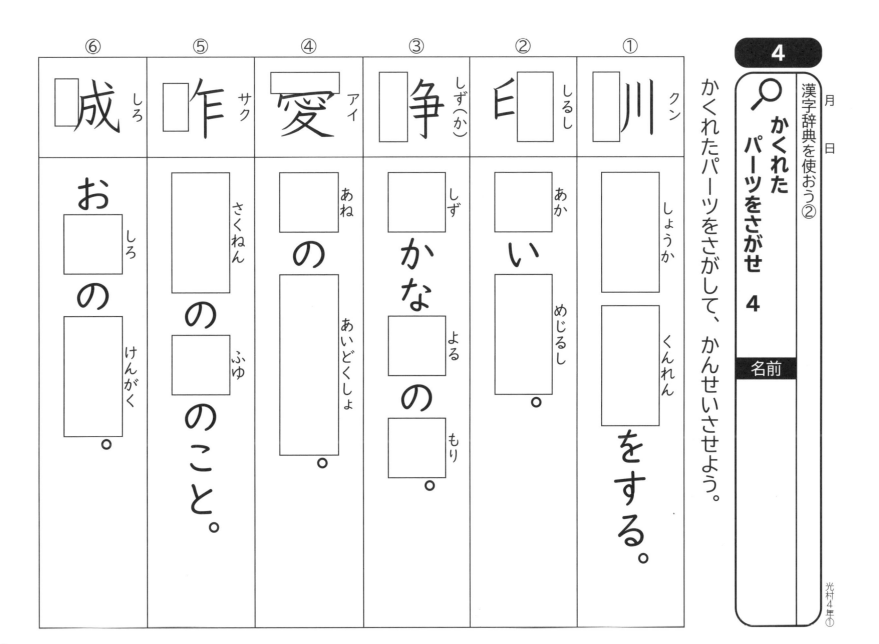

5

漢字辞典を使おう③／聞き取りメモのくふう

月　日

かくれたパーツをさがせ　5

名前

かくれたパーツをさがして、かんせいさせよう。

① はじ(め)　□刀

□《はじ》めの□《いっぽ》。

② ケイ　□京

□《みなと》の□《やけい》を□《み》る。

③ グン　君□

□《むし》の□《たいぐん》が□《く》る。

④ かなら(ず)　□丷乀□

□《こんかい》は□《かなら》ず□《か》つ。

⑤ ヨウ　□安

□《じゅうよう》な□《もんだい》。

⑥ テキ　□勺

□《もくてき》を□《かんが》える。

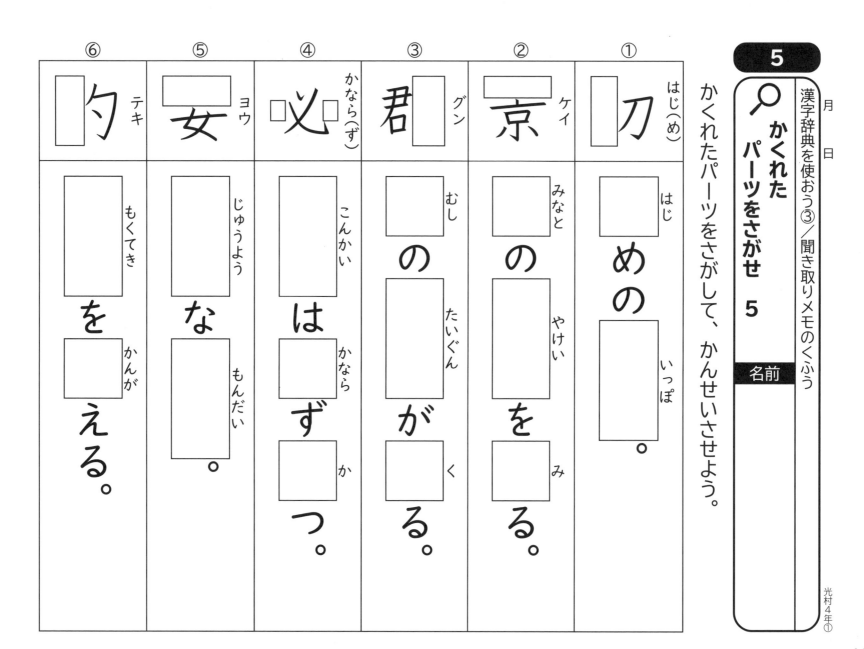

月　日

カンジーはかせのとどうふけんの旅1①

6

かくれたパーツをさがせ　6

名前

かくれたパーツをさがして、かんせいさせよう。

① □《フ》
四十七□《とどうふけん》

② □次《いばら》
□《いばらき》県の□《てんき》。

③ □厉《とち》
□《とちぎ》県の□《こくどう》。

④ □奇《さい》
□《さいたま》県の□《びょういん》。

⑤ □示《ナ》
□《かながわ》県の□《だいがく》。

⑥ □舄《かた》
□《にいがた》県の□《がっこう》。

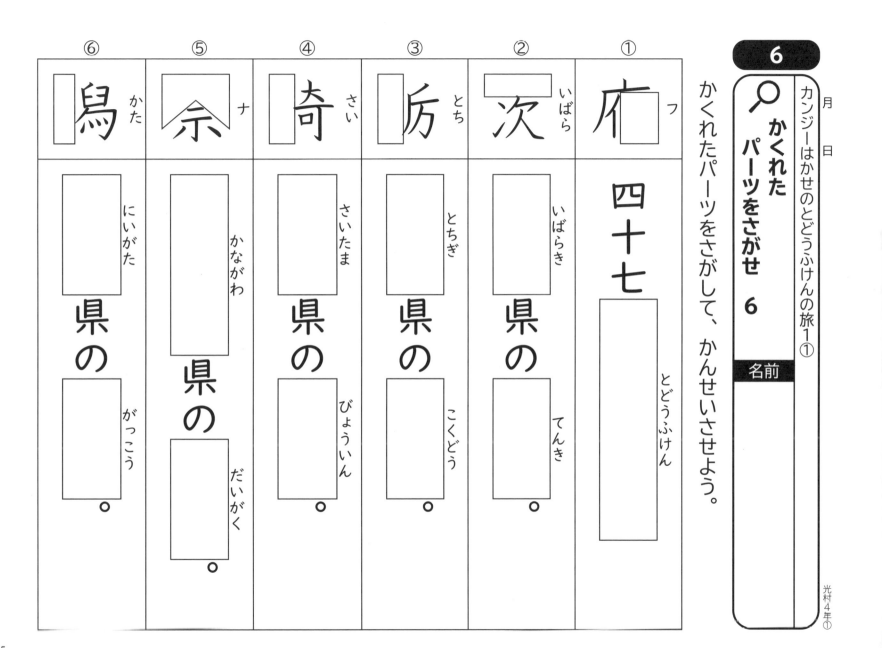

月　日

カンジーはかせの都どう府県の旅1②

7

かくれたパーツをさがせ　7

名前

かくれたパーツをさがして、かんせいさせよう。

①　□畐　と(む)
へん□《か》に□《と》む。

②　井□　い
□《ふくい》市の□《としょかん》。

③　利□　なし
□《やまなし》県の□《どうろ》。

④　旦□　リョウ・はか(る)
□《しょくじ》の□《りょう》を□《はか》る。

⑤　□支　[キ]
□《ぎふ》市の□《じんこう》。

⑥　自□　フ
□《ぎふ》県の□《こうえん》。

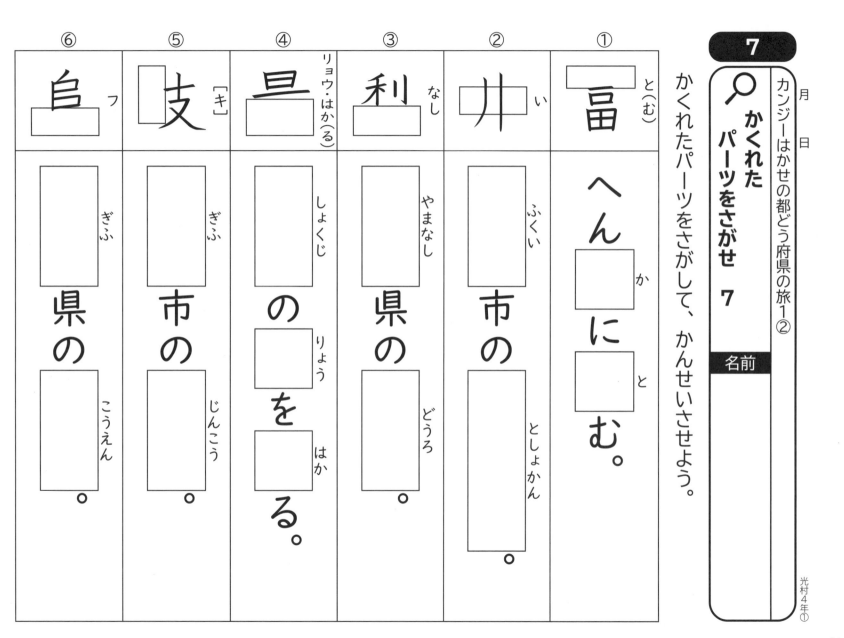

月　日

カンジーはかせの都道府県の旅1③～アップとルーズでつたえる①

8

かくれたパーツをさがせ　8

名前

かくれたパーツをさがして、かんせいさせよう。

① 冂□　おか

□《おかやま》県の□《ちず》。

② □云　つた(わる)

□《むかしばなし》が□《つた》わる。

③ 安□　アン

□《あんないばん》を□《み》る。

④ □兑　セツ

□《およ》ぎの□《かた》の□《せつめい》。

⑤ □式　シ

□《しあい》に□《しゅつじょう》する。

⑥ 辶□共　セン・えら(ぶ)

□《だいひょう》□《せんしゅ》を□《えら》ぶ。

光村4年①

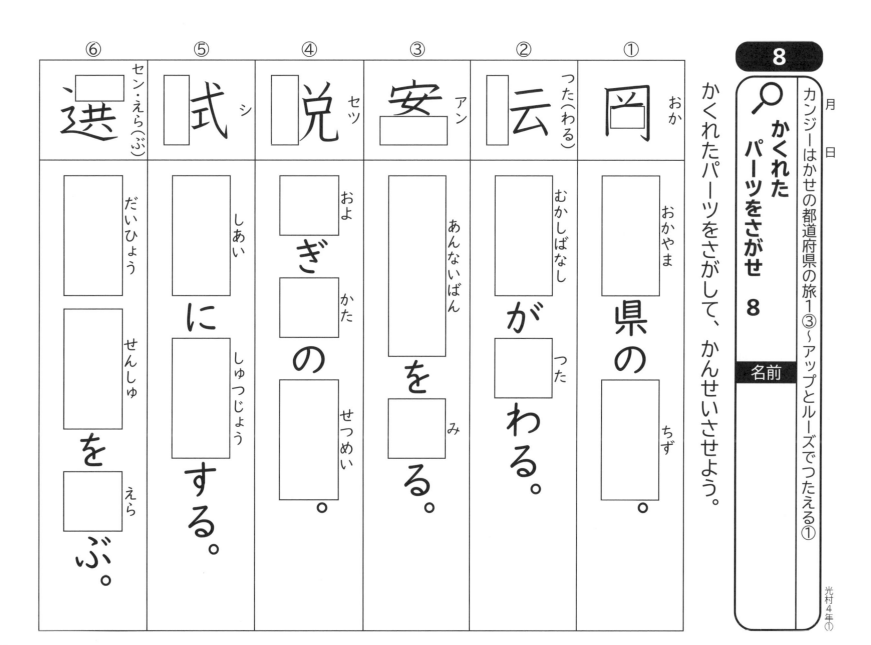

月　日

思いやりのデザイン／アップとルーズで…②／お礼の気持ちを伝えよう①

9

かくれたパーツをさがせ　9

名前

かくれたパーツをさがして、かんせいさせよう。

① 雚□（カン）
□《かんきゃく》が□《あつ》まる。

② □其（はた）
□《あかぐみ》の□《はた》をふる。

③ □刂（リ）
□《でんしゃ》を□《りよう》する。

④ □才（ザイ）
□《しんぶん》の□《しゅざい》。

⑤ 門□（カン）
□《じぶん》との□《かんけい》。

⑥ 以（イ）
八時□《いぜん》に□《い》く。

光村4年①

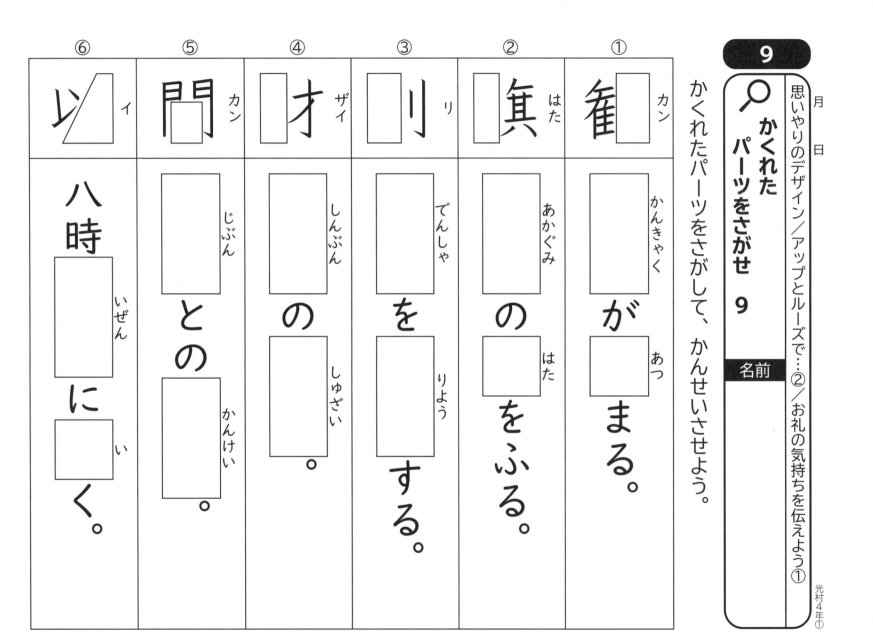

10

かくれたパーツをさがせ 10

お礼の気持ちを伝えよう②／一つの花①

月　日

名前

かくれたパーツをさがして、かんせいさせよう。

① 香□　キ

□《かき》□《きゅうぎょう》

② □即　セツ

□《せつぶん》に□《まめ》をまく。

③ 君□　グン

県の□《ぐん》部と□《し》部。

④ 単□　セン

□《さくせん》を□《かんが》える。

⑤ 争　あらそ(う)

□《か》ち□《ま》けを□《あらそ》う。

⑥ □合　キュウ

□《こんしゅう》の□《きゅうしょく》当番。

光村4年①

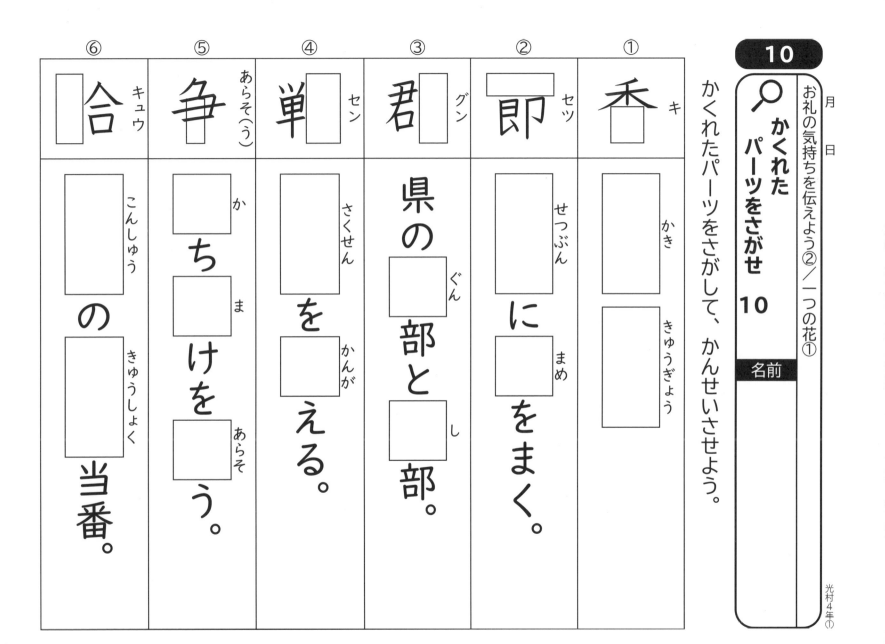

11

一つの花②

月　日

かくれたパーツをさがせ 11

名前

かくれたパーツをさがして、かんせいさせよう。

① 反《ハン》

□《ゆうはん》を□《た》べる。

② 己《つつ(む)》

□《かみ》に□《つつ》む。

③ 帯《おび》

□《くろ》い□《きもの》の□《おび》。

④ 立《な(く)》

□《おお》きな□《こえ》で□《な》く。

⑤ 冖《グン》

□《しろ》い□《ぐんて》。

⑥ 丘《ヘイ》

□《すいへい》が□《ふね》に□《の》る。

光村4年①

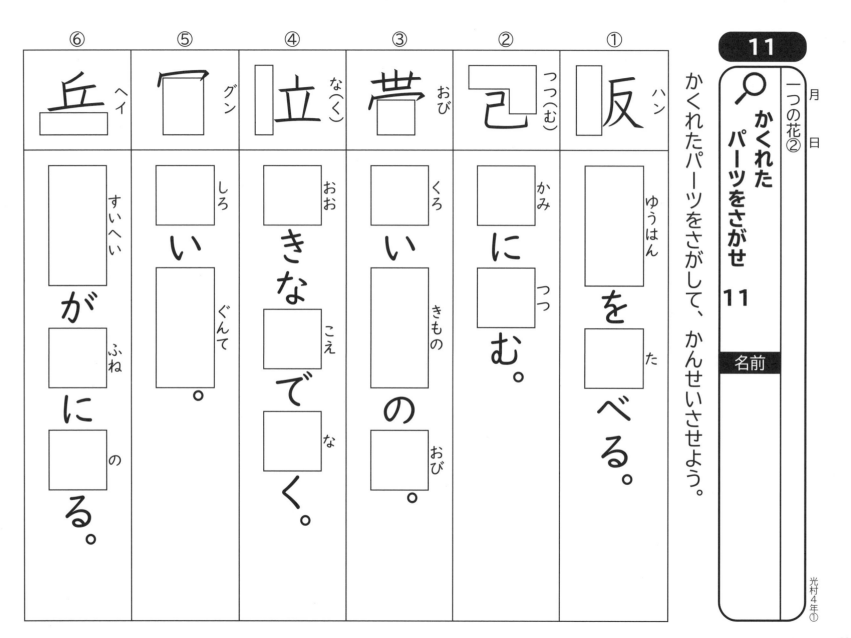

12

かくれたパーツをさがせ 12

名前

かくれたパーツをさがして、かんせいさせよう。

①
□《タイ》
□《ぶたい》の□《たいちょう》。

②
□《リン》
□《さんりんしゃ》に□《の》る。

③
□《ケン》
□《けんぜん》な□《にくたい》。

④
□《コウ》
□《けんこう》な□《せいかつ》。

⑤
□《おっと》
□《おっと》と□《がいしょく》する。

⑥
□《シ》
□《しめい》を□《ひょう》に□《か》く。

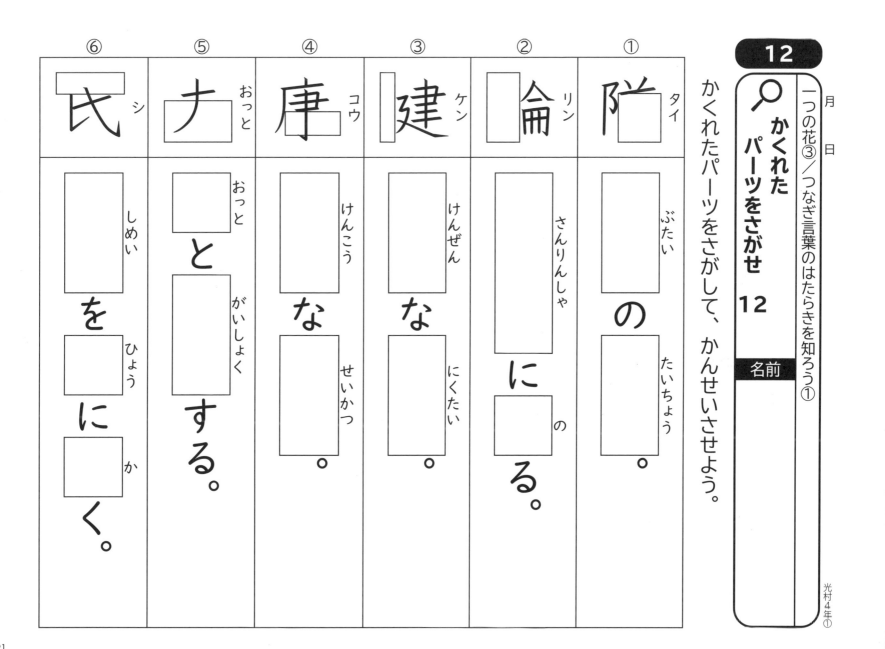

13

つなぎ言葉のはたらきを知ろう②

月　日

かくれたパーツをさがせ 13

名前

かくれたパーツをさがして、かんせいさせよう。

① □兄《シュク》
□《しゅくじつ》の□《あさ》。

② 化□《カ》
□《かもつ》□《れっしゃ》が□《はし》る。

③ 旧□《ジ》
□《じどう》が□《とうこう》する。

④ □奇《キ》
□《しょっき》を□《くば》る。

⑤ □㠯《カン》
□《きょうかん》に□《おそ》わる。

⑥ □长《よ(い)》
□《よ》い□《みほん》。

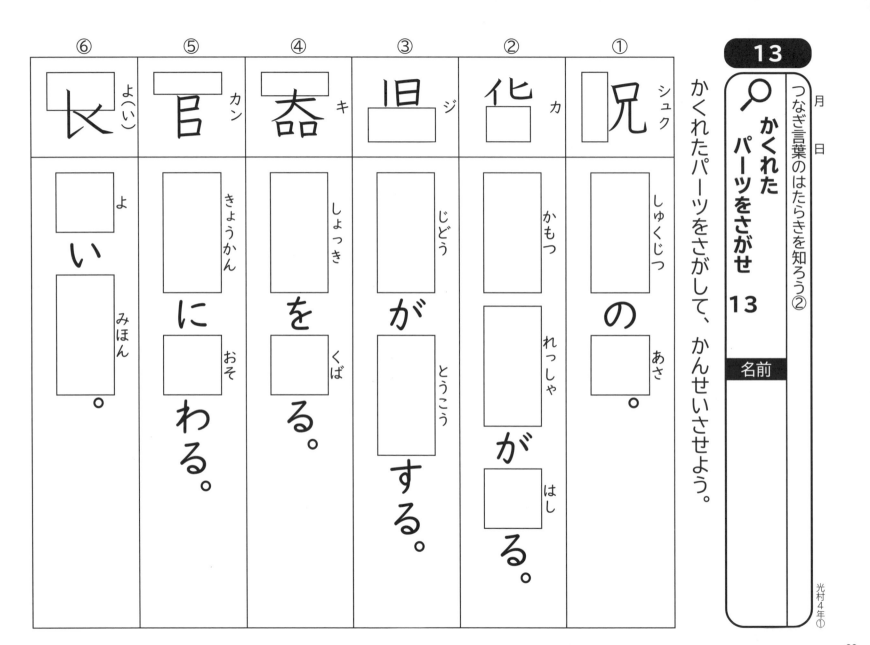

つなぎ言葉のはたらきを知ろう③～新聞を作ろう①

月　日

14

かくれたパーツをさがせ 14

名前

かくれたパーツをさがして、かんせいさせよう。

①	②	③	④	⑤	⑥
□走《ト》	□竟《キョウ》	□牙《め》	□毎《うめ》	□勺《ヤク》	亻□《フ》
□《えき》から□《とほ》十分。	□《じてんしゃ》で□《きょうそう》。	□《きゅうこん》が□《め》を□《だ》す。	□《うめ》の□《み》を□《あつ》める。	えい□《が》の□《よやく》。	□《いえ》の□《ふきん》の□《はたけ》。

光村4年①

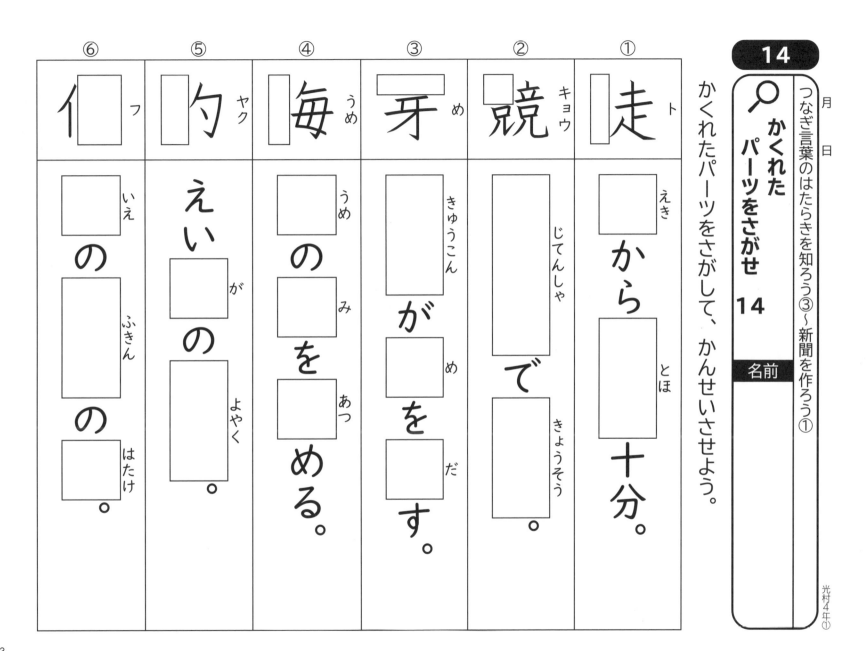

月　日

15

かくれたパーツをさがせ 15

名前

かくれたパーツをさがして、かんせいさせよう。

① □青　きよ(い)
□《きよ》く□《ただ》しい□《ひと》。

② □茲　[ジ]
□《しが》県の□《みずうみ》。

③ □反　[ハン]
□《とうきょう》と□《おおさか》。

④ 徳□　トク
□《どうとく》の□《じかん》。

⑤ 香□　か
□《かがわ》県の□《ちじ》。

⑥ □爰　[エン]
□《えひめ》県の□《とうぶ》。

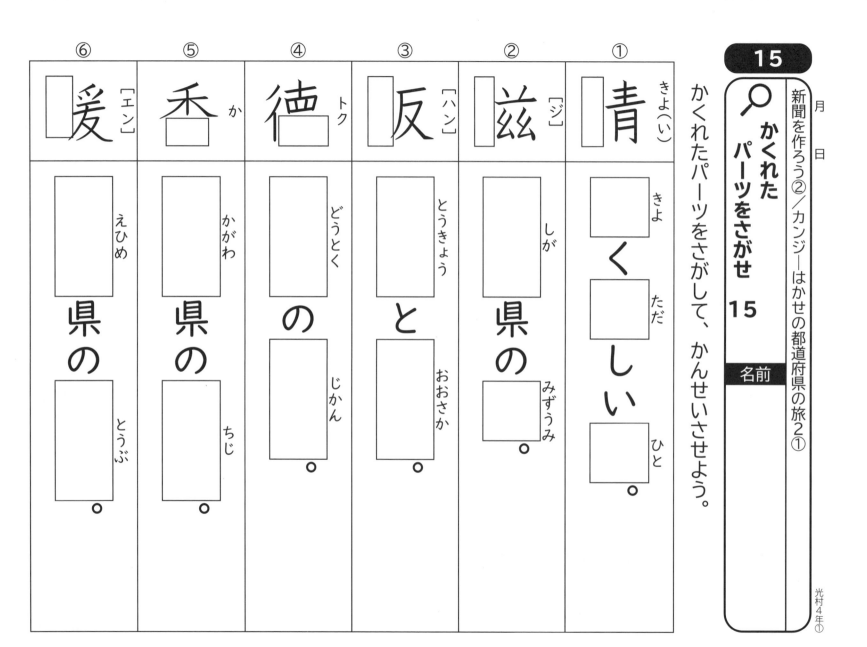

月　日

カンジ―はかせの都道府県の旅2②

16

かくれたパーツをさがせ 16

名前

かくれたパーツをさがして、かんせいさせよう。

①
□左《サ》

□《さが》県の□《ぶんか》。

②
加□《ガ》

ゆう□《しょう》の□《しゅくが》会。

③
□奇《さき》

□《ながさき》県の□《ほくぶ》。

④
能□《くま》

□《くまもと》県の□《くうこう》。

⑤
鹿□《か》

□《かごしま》県の□《きおん》。

⑥
□中《おき》

□《おきなわ》県の□《なんぶ》。

光村4年①

17

かくれたパーツをさがせ 17

カンジーはかせの都道府県の旅2③／本のポップや帯を作ろう／神様の階段

月　日

名前

かくれたパーツをさがして、かんせいさせよう。

①
□黽《なわ》

□《おきなわ》県の□《きおん》。

②
埶《あつ(い)》
□

□《あつ》いお□《ゆ》。

③
□動《はたら(く)》

□《かいしゃ》で□《はたら》く。

④
⺍《エイ》
□

ゆう□《しょう》の□《えいこう》。

⑤
美《ヨウ》
□

□《ようぶん》を□《おく》る。

⑥
□㒼《マン》

□《ま》ん□《まる》の□《まんげつ》。

光村4年①

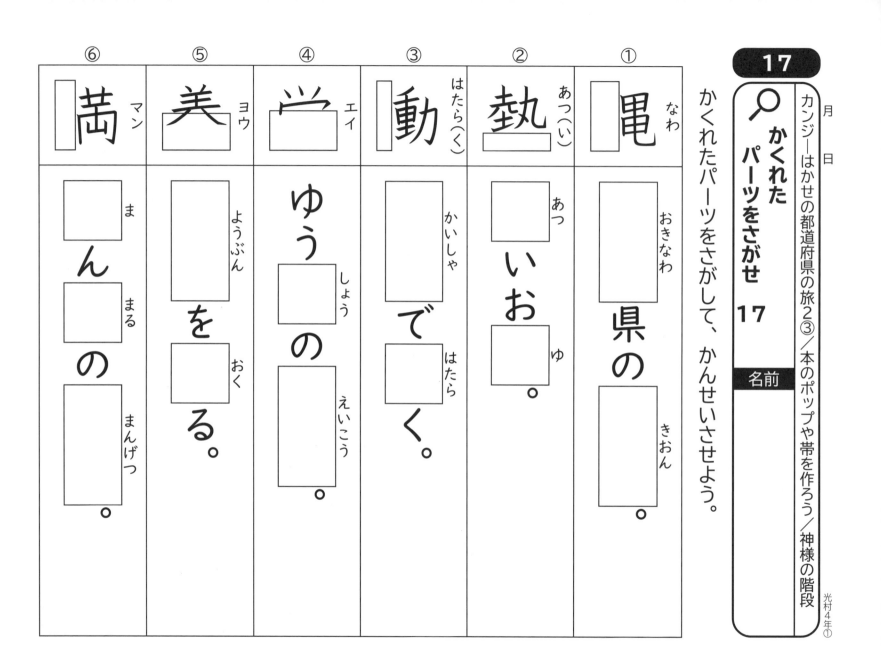

18

漢字足し算 1

白いぼうし

月　日

名前

漢字の足し算をしよう。

① 亻＋二＋言＝□→→→□

② 土＋羊＋辶＝□→→→□

③ 飞＋｜＋亻＋飞＝□→□

④ 广＋廿＋巾＝□→→→□

⑤ ヨ＋キ＋廴＝□→→→□

⑥ 艹＋爫＋木＝□→→→□

⑦ 木＋西＋示＝□→→→□

⑧ 亻＋歹＋刂＝□→→→□

＊答えの漢字でことばを作ろう。

月　日

図書館の達人になろう

19

＋漢字足し算　2

名前

漢字の足し算をしよう。

＊答えの漢字でことばを作ろう。

① 氵＋土＋厶＝□→→→□

② 米＋大＋頁＝□→→→□

③ 木＋幺＋幺＋戊＝□→□

④ 木＋一＋廾＋戈＝□→□

⑤ 冂＋一＋口＝□→→→□

⑥ 冊＋一＋八＝□→→→□

⑦ 川＋𠂉＋貝＝□→→→□

⑧ 金＋ヨ＋氺＝□→→→□

光村4年②

20

月　日

漢字じ典を使おう①

漢字足し算 3

名前

漢字の足し算をしよう。

＊答えの漢字でことばを作ろう。

① 舌＋立＋十＝□↓↓↓□

② 厂＋㇇＋戈＝□↓↓↓□

③ 言＋川＝□↓↓↓□

④ 巨＋卩＝□↓↓↓□

⑤ 青＋⺈＋尹＝□↓↓↓□

⑥ 爫＋冖＋心＋夂＝□↓□

⑦ 日＋𠂉＋⺊＝□↓↓↓□

⑧ 土＋厉＋戈＝□↓↓↓□

光村4年②

21

月　日

漢字辞典を使おう②／聞き取りメモのくふう／カンジーはかせの…1①

✚ 漢字足し算 4

名前

漢字の足し算をしよう。

＊答えの漢字でことばを作ろう。

① 礻＋刀＝□→→→→□

② 日＋亠＋口＋小＝□→□

③ 尹＋口＋羊＝□→→→□

④ ソ＋乚＋八＝□→→→□

⑤ 西＋女＝□→→→→□

⑥ 白＋勹＋丶＝□→→→□

⑦ 广＋亻＋寸＝□→→→□

⑧ 卄＋冫＋欠＝□→→→□

光村4年②

22

カンジーはかせの都道府県の旅1②

月　日

＋漢字足し算　5

名前

漢字の足し算をしよう。

① 木 ＋ 厂 ＋ 万 ＝ □ ↓ ↓ ↓ □

② 土 ＋ 大 ＋ 可 ＝ □ ↓ ↓ ↓ □

③ 大 ＋ 示 ＝ □ ↓ ↓ ↓ ↓ □

④ 氵 ＋ 白 ＋ 勹 ＋ 灬 ＝ □ ↓ □

⑤ 宀 ＋ 一 ＋ 口 ＋ 田 ＝ □ ↓ □

⑥ 二 ＋ 川 ＝ □ ↓ ↓ ↓ ↓ □

⑦ 禾 ＋ 刂 ＋ 木 ＝ □ ↓ ↓ ↓ □

⑧ 日 ＋ 一 ＋ 里 ＝ □ ↓ ↓ ↓ □

＊答えの漢字でことばを作ろう。

光村4年②

月　日

23

漢字足し算　6

カンジーはかせの都道府県の旅1③～アップとルーズでつたえる①

名前

光村4年②

漢字の足し算をしよう。

＊答えの漢字でことばを作ろう。

① 山＋十＋又＝□
↓
↓
↓
□

② ノ＋㠯＋十＝□
↓
↓
↓
□

③ 冂＋䒑＋山＝□
↓
↓
↓
□

④ 亻＋二＋厶＝□
↓
↓
↓
□

⑤ 宀＋女＋木＝□
↓
↓
↓
□

⑥ 言＋丷＋兄＝□
↓
↓
↓
□

⑦ 言＋工＋㇂＝□
↓
↓
↓
□

⑧ 己＋己＋共＋⻌＝□
↓
□

漢字足し算 7

思いやりのデザイン／アップとルーズで…②／お礼の気持ちを伝えよう①

月　日

名前

光村1年②

漢字の足し算をしよう。

＊答えの漢字でことばを作ろう。

① 𠂉 ＋ 隹 ＋ 見 ＝ □ ↓ ↓ ↓ □

② 方 ＋ 𠂉 ＋ 甘 ＋ 八 ＝ □ ↓ □

③ 禾 ＋ 刂 ＝ □ ↓ ↓ ↓ ↓ ↓ □

④ 木 ＋ 才 ＝ □ ↓ ↓ ↓ ↓ ↓ □

⑤ 門 ＋ 关 ＝ □ ↓ ↓ ↓ ↓ ↓ □

⑥ レ ＋ 丶 ＋ 人 ＝ □ ↓ ↓ ↓ □

⑦ 一 ＋ 木 ＋ 子 ＝ □ ↓ ↓ ↓ □

⑧ ⺮ ＋ 艮 ＋ 卩 ＝ □ ↓ ↓ ↓ □

25

月　日

漢字足し算 8

お礼の気持ちを伝えよう②／一つの花①

名前

漢字の足し算をしよう。

① 尹＋口＋阝＝□↓↓↓↓↓□

② ⺍＋甲＋戈＝□↓↓↓↓↓□

③ ⺈＋⺕＋亅＝□↓↓↓↓↓□

④ 糸＋𠆢＋一＋口＝□↓□

⑤ 食＋厂＋又＝□↓↓↓↓↓□

⑥ 勹＋己＝□↓↓↓↓↓↓□

⑦ 卌＋冖＋巾＝□↓↓↓↓↓□

⑧ 氵＋立＝□↓↓↓↓↓↓□

＊答えの漢字でことばを作ろう。

光村4年②

26

漢字足し算 9

一つの花②／つなぎ言葉のはたらきを知ろう①

月　日

名前

光村4年②

漢字の足し算をしよう。

＊答えの漢字でことばを作ろう。

① 冖 ＋ 車 ＝ □ ↓↓↓↓↓ □

② 斤 ＋ 一 ＋ 八 ＝ □ ↓↓↓↓ □

③ 阝 ＋ ソ ＋ 豕 ＝ □ ↓↓↓↓ □

④ 車 ＋ 𠆢 ＋ 一 ＋ 冊 ＝ □ ↓ □

⑤ 亻 ＋ 聿 ＋ 夂 ＝ □ ↓↓↓↓ □

⑥ 广 ＋ ヨ ＋ 氺 ＝ □ ↓↓↓↓ □

⑦ 二 ＋ 人 ＝ □ ↓↓↓↓↓ □

⑧ 𠃊 ＋ 弋 ＝ □ ↓↓↓↓↓ □

27

月　日

つなぎ言葉のはたらきを知ろう②

＋漢字足し算 10

名前

漢字の足し算をしよう。

＊答えの漢字でことばを作ろう。

① ネ＋口＋儿＝□↓↓↓□

② イ＋ヒ＋貝＝□↓↓↓□

③ 丨＋日＋儿＝□↓↓↓□

④ 吅＋大＋吅＝□↓↓↓□

⑤ 宀＋尸＋コ＝□↓↓↓□

⑥ 丶＋彐＋く＝□↓↓↓□

⑦ 彳＋土＋止＝□↓↓↓□

⑧ 立＋兄＋立＋兄＝□↓□

光村4年②

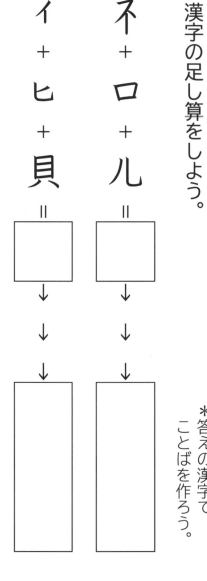

28

月　日

短歌・俳句に親しもう（一）～カンジーはかせの都道府県の旅2①

＋漢字足し算 11

名前

漢字の足し算をしよう。

＊答えの漢字でことばを作ろう。

① 艹＋牙＝□

② 木＋𠂉＋母＝□

③ 糸＋ク＋、＝□

④ 亻＋寸＝□

⑤ 氵＋圭＋月＝□

⑥ 氵＋䒑＋幺＋幺＝□

⑦ 阝＋反＝□

⑧ 彳＋十＋罒＋心＝□

光村4年②

月 日

カンジー はかせの都道府県の旅2②

＋漢字足し算 12

名前

漢字の足し算をしよう。

＊答えの漢字でことばを作ろう。

① 一 ＋ 木 ＋ 日 ＝ □ ↓ ↓ ↓ □

② 女 ＋ ⺍ ＋ 皮 ＝ □ ↓ ↓ ↓ □

③ 亻 ＋ 左 ＝ □ ↓ ↓ ↓ ↓ □

④ カ ＋ ロ ＋ 貝 ＝ □ ↓ ↓ ↓ □

⑤ 山 ＋ 大 ＋ 可 ＝ □ ↓ ↓ ↓ □

⑥ ム ＋ 月 ＋ 𣥂 ＋ 灬 ＝ □ ↓ □

⑦ 广 ＋ 卄 ＋ ヒ ＋ 匕 ＝ □ ↓ □

光村4年②

月　日

光村4年②

カンジー はかせの都道府県の旅2③／本のポップや帯を作ろう／神様の階段

30

＋漢字足し算 13

名前

漢字の足し算をしよう。

＊答えの漢字でことばを作ろう。

① 氵＋中＝□→→→→□

② 糸＋日＋日＋し＝□→□

③ 夫＋土＋丸＋灬＝□→□

④ 亻＋重＋力＝□→→→□

⑤ ⺍＋冖＋木＝□→→→□

⑥ 羊＋八＋良＝□→→→□

⑦ 氵＋卄＋冂＋山＝□→□

31

月　日

白いぼうし／図書館のたつじんになろう①

足りないのはどこ（形をよく見て）1

名前

足りないところを見つけて、正しく書こう。

① 目《じ》信《しん》 ↓ □

② 上《じょう》達《たつ》 ↓ □

③ 飛《ひ》行《こう》 ↓ □

④ 着《ちゃく》席《せき》 ↓ □

⑤ 建《けん》国《こく》 ↓ □

⑥ 菜《な》の花《はな》 ↓ □

⑦ 口《もく》標《ひょう》 ↓ □

⑧ 例《れい》文《ぶん》 ↓ □

⑨ 万《ほう》法《ほう》 ↓ □

⑩ ノ《じん》類《るい》 ↓ □

⑪ 機《き》械《かい》 ↓ □

⑫ 司《し》会《かい》 ↓ □

光村4年③

月　日

図しょ館の達人になろう②／漢字じてんを使おう①

足りないのはどこ（形をよく見て）2

名前

足りないところを見つけて、正しく書こう。

① 事《じ》具《てん》 ↓ □

② 順《じゅん》詷《ちょう》 ↓ □

③ 記《き》録《ろく》 ↓ □

④ 辞《じ》書《しょ》 ↓ □

⑤ 戊《せい》長《ちょう》 ↓ □

⑥ 訓《くん》練《れん》 ↓ □

⑦ 矢《や》印《じるし》 ↓ □

⑧ 安《あん》静《せい》 ↓ □

⑨ 愛《あい》読《どく》書《しょ》 ↓ □

⑩ 昨《さく》夜《や》 ↓ □

⑪ 城《じょう》丁《か》町《まち》 ↓ □

⑫ 初《はつ》雪《ゆき》 ↓ □

月　日

漢字辞典を使おう②／聞き取りメモのくふう／カンジーはかせの…１①

足りないのはどこ（形をよく見て）３

名前

足りないところを見つけて、正しく書こう。

① 風《ふう》景《けい》
↓
□

② 人《たい》群《ぐん》
↓
□

③ 必《ひっ》死《し》
↓
□

④ 重《じゅう》要《よう》
↓
□

⑤ 口《もく》的《てき》
↓
□

⑥ 京《きょう》都《と》府《ふ》
↓
□

⑦ 次《いばら》城《き》
↓
□

⑧ 枋《とち》才《ぎ》
↓
□

⑨ 埼《さい》王《たま》
↓
□

⑩ 神《か》奈《な》川《がわ》
↓
□

⑪ 新《にい》潟《がた》
↓
□

⑫ 富《ふ》じ凵《さん》
↓
□

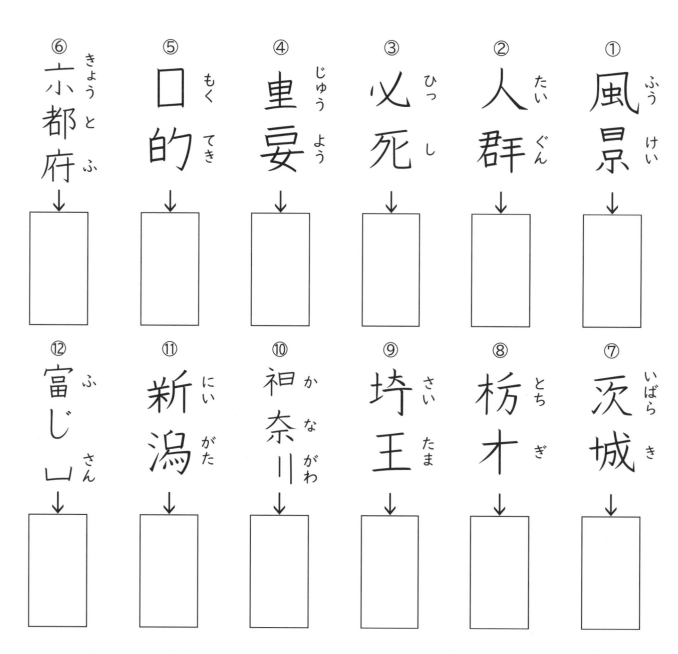

月　日

34

カンジーはかせの都道府県の旅1②～アップとルーズで伝える①

足りないのはどこ（形をよく見て）4

名前

足りないところを見つけて、正しく書こう。

① キ《い》戸《ど》 →

② 梨《なし》の才《き》 →

③ 重《じゅう》量《りょう》 →

④ 岐《ぎ》阜《ふ》 →

⑤ 静《しず》岡《おか》 →

⑥ 伝《でん》記《き》 →

⑦ 名《めい》案《あん》 →

⑧ 説《せつ》明《めい》 →

⑨ 試《し》合《あい》 →

⑩ 選《せん》手《しゅ》 →

⑪ 観《かん》九《こう》 →

⑫ 国《こっ》旗《き》 →

光村4年③

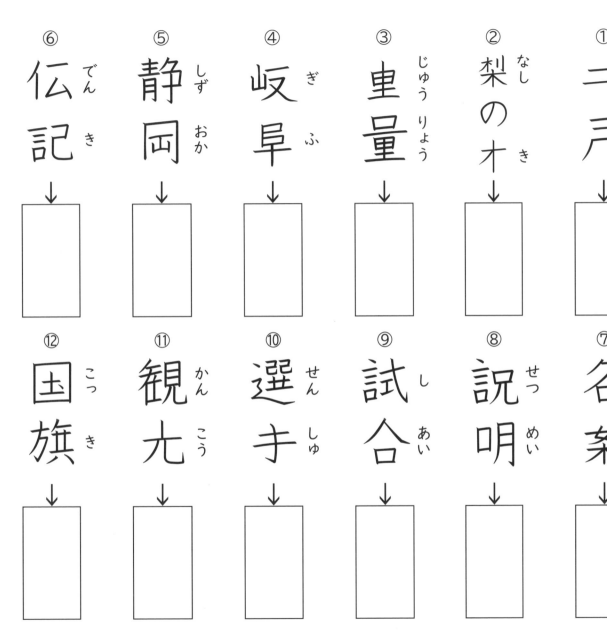

月　日

35

足りないのはどこ（形をよく見て）5

名前

足りないところを見つけて、正しく書こう。

① 勝《しょう》利《り》
↓

② 材《ざい》木《もく》
↓

③ 関《せき》所《しょ》
↓

④ 以《い》外《がい》
↓

⑤ 季《き》節《せつ》
↓

⑥ 郡《ぐん》部《ぶ》
↓

⑦ 戦《せん》争《そう》
↓

⑧ 給《きゅう》食《しょく》
↓

⑨ 昼《ひる》飯《めし》
↓

⑩ 包《ほう》帯《たい》
↓

⑪ 泣《な》き声《ごえ》
↓

⑫ 軍《ぐん》歌《か》
↓

月　日

一つの花②／つなぎ言葉のはたらきを知ろう①

足りないのはどこ（形をよく見て）6

名前

足りないところを見つけて、正しく書こう。

① 兵《ひょう》車《ご》 ↓ □

② 隊《たい》長《ちょう》 ↓ □

③ 指《ゆび》輪《わ》 ↓ □

④ 健《けん》全《ぜん》 ↓ □

⑤ 健《けん》康《こう》 ↓ □

⑥ 大《ふ》ノ《じん》 ↓ □

⑦ 氏《し》名《めい》 ↓ □

⑧ 礼《しゅく》口《じつ》 ↓ □

⑨ 全《きん》負《か》 ↓ □

⑩ 園《えん》児《じ》 ↓ □

⑪ 食《しょっ》哭《き》 ↓ □

⑫ 教《きょう》宫《かん》 ↓ □

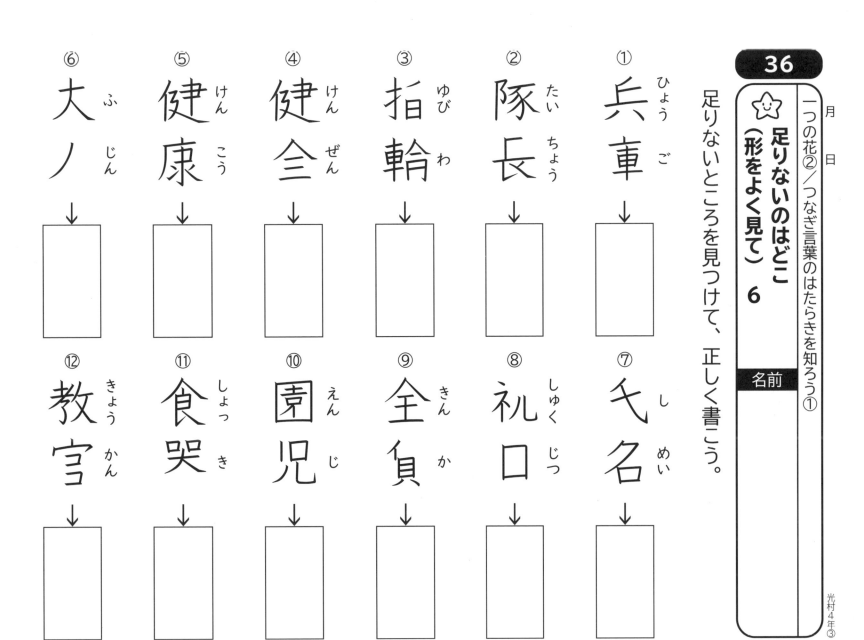

月　日

37

つなぎ言葉のはたらきを知ろう②～カンジ―はかせの都道府県の旅2①

足りないのはどこ（形をよく見て）7

名前

足りないところを見つけて、正しく書こう。

① 艮《りょう》八《しん》 ↓ □

② 主《せい》往《と》 ↓ □

③ 競《きょう》泳《えい》 ↓ □

④ 発《はっ》芽《が》 ↓ □

⑤ 梅《うめ》洒《しゅ》 ↓ □

⑥ 了《よ》約《やく》 ↓ □

⑦ 付《ふ》近《きん》 ↓ □

⑧ 清《せい》書《しょ》 ↓ □

⑨ 滋《し》賀《が》 ↓ □

⑩ 人《おお》阪《さか》 ↓ □

⑪ 徳《とく》島《しま》 ↓ □

⑫ 杳《か》川《がわ》 ↓ □

38

月　日

カンジーはかせの都道府県の旅２②／本のポップや帯を作ろう／神様の階段

足りないのはどこ（形をよく見て）８

名前

光村4年③

足りないところを見つけて、正しく書こう。

① 愛《え》媛《ひめ》
↓

② 佐《さ》賀《が》
↓

③ 年《ねん》賀《が》
↓

④ 宮《みや》崎《ざき》
↓

⑤ 日《しろ》熊《くま》
↓

⑥ 寸《こ》鹿《じか》
↓

⑦ 沖《おき》縄《なわ》
↓

⑧ 熱《ねっ》湯《とう》
↓

⑨ 働《はた》き者《もの》
↓

⑩ 宋《えい》光《こう》
↓

⑪ 養《よう》分《ぶん》
↓

⑫ 満《まん》員《いん》
↓

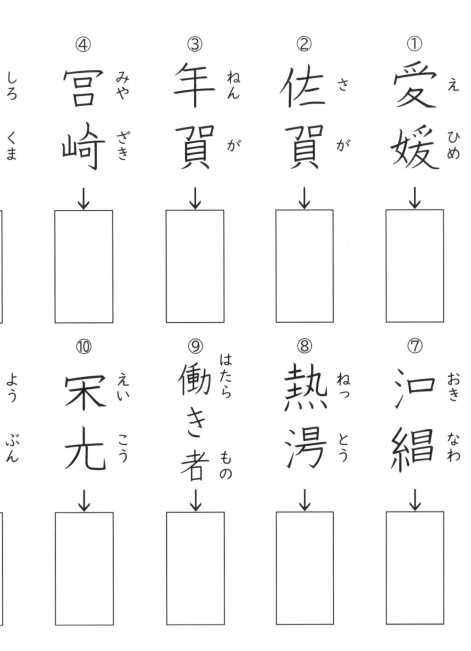

39

月　日

白いぼうし

漢字を入れよう 1

名前

光村4年④

文を読んで、ぴったりの漢字を入れよう。

①赤□号から青にかわって、車が動き出す。

②赤い車で、ゆうびんを配□する。

③わたり鳥が、ならんで空を□んでいる。

④教室の、自分の□にすわる。

⑤駅前に、新しいビルが□った。

⑥夕食のおかずに、野□サラダを作った。

⑦お正月に、今年の目□を立てた。

⑧あなたを動物に□えると、何ですか。

ヒント　達　建　席　菜　標　例　信　飛

月　日

図書館の達人になろう

漢字を入れよう 2

名前

文を読んで、ぴったりの漢字を入れよう。

①友だちと、一番うまくいく方□を考える。

②図書室の本を分□して、たなにならべる。

③空の上で、□長のアナウンスがあった。

④工場で、大きなき□が動いている。

⑤前に出て、学級会の□会をする。

⑥この百科事□は、ぶあつくて重い。

⑦列にきちんとならんで、□番を待つ。

⑧見たい番組を□画しておく。

ヒント　械　法　司　順　類　録　典　機

光村4年④

月　日

漢字じ典を使おう①

漢字を入れよう 3

名前

文を読んで、ぴったりの漢字を入れよう。

① 知らない言葉を、□書で調べる。

② 十才で、二分の一□人式をおいわいする。

③ 漢字には、音読みと□読みがある。

④ 大きな木を、目□にして進む。

⑤ 「シーン」と□かで、音がしない。

⑥ 花や生き物を、□する心を持つ。

⑦ この冬は、□年より雪の日が多い。

⑧ この町は、古くからの□下町です。

ヒント　成　城　辞　昨　愛　印　静　訓

42

漢字を入れよう　4

漢字辞典を使おう②／聞き取りメモのくふう／カンジーはかせの…1①

月　日

名前

光村4年④

文を読んで、ぴったりの漢字を入れよう。

①十二月の寒い日、□雪がふった。

②山の上から、百万ドルの夜□をながめる。

③落とした角ざとうに、アリが□がっている。

④今日は負けたが、次は□ず勝つ。

⑤この文章の□点を、二十字にまとめる。

⑥はなった矢が、□の中心に命中した。

⑦日本には、四十七の都道□県がある。

⑧□城県は、「なっとう」が有名です。

ヒント　初　必　茨　府　景　群　的　要

43

月　日

漢字を入れよう　5

カンジーはかせの都道府県の旅1②

名前

文を読んで、ぴったりの漢字を入れよう。

① □木県は、いちご王国とよばれています。

② 東京都の北がわに、□玉県がある。

③ 神□川県の横はまは、港町です。

④ 新□県では、おいしいお米がたくさんとれる。

⑤ 商売で成こうして、大きな□をえる。

⑥ 福□県の形は、ゾウの顔ににている。

⑦ リニア新かん線は、山□県を通る。

⑧ 体重がふえたので、食事の□をへらす。

ヒント　井　量　梨　栃　潟　奈　埼　富

光村4年④

44

漢字を入れよう 6

名前

文を読んで、ぴったりの漢字を入れよう。

①長野県や、となりの□ふ県には海がない。

②ぎ□県は、日本の真ん中にある県です。

③ももたろうのお話は、□山県で生まれた。

④自分の気持ちを、きちんと相手に□える。

⑤校長先生が、お客さんを教室に□内する。

⑥先生が、図とグラフで□明する。

⑦野球の□合が、正午に開始される。

⑧大きくなったら、プロ野球の□手になる。

ヒント　阜　選　試　岐　説　伝　岡　案

月　日

思いやりのデザイン／アップとルーズで…②／お礼の気持ちを伝えよう①

光村4年④

45 漢字を入れよう 7

名前

文を読んで、ぴったりの漢字を入れよう。

①コンサートに、たくさんの□客が集まる。

②つな引きで、□をふっておうえんする。

③空き箱を□用して、おもちゃを作る。

④新聞記者が、ニュースの取□をする。

⑤そのことは、ぼくにはぜんぜん□係がない。

⑥大きな木の太さは、一メートル□上もある。

⑦一年には春夏秋冬の、四□がある。

⑧二月三日は□分で、豆まきをする。

ヒント　利　観　以　節　旗　関　季　材

46

月　日

おれいの気持ちを伝えよう②／一つの花①

漢字を入れよう　8

名前

文を読んで、ぴったりの漢字を入れよう。

①手紙のあて先に、〇〇[　　]〇〇町と書く。

②ゲームに負けないように、作[　　]を立てる。

③運動会は、赤白で勝ち負けを[　　]う。

④この学校の[　　]食は、とてもおいしい。

⑤母がエプロンをつけて、夕[　　]のしたくをする。

⑥プレゼントの箱を、白い紙で[　　]む。

⑦お祭りの日、ゆかたを着て[　　]をむすぶ。

⑧赤ちゃんが、大きな声で[　　]いている。

ヒント　争　戦　泣　給　包　郡　帯　飯

光村4年④

47

漢字を入れよう 9

月　日

一つの花②／つなぎ言葉のはたらきを知ろう①

名前

文を読んで、ぴったりの漢字を入れよう。

①おじいさんは□人で、戦争に行った。

②百人の□たいが、ならんで行進する。

③レスキュー□に助けをもとめる。

④校庭で、友だちと、一□車の練習をする。

⑤けがをしたので、ほ□室へ行った。

⑥病気をせずに、家族みんな、けん□です。

⑦日にやけた農□が、畑をたがやす。

⑧持ち物には、必ず□名を書いてください。

ヒント　健　夫　康　兵　輪　氏　隊　軍

光村4年④

48

つなぎ言葉のはたらきを知ろう②

月　日

漢字を入れよう 10

名前

文を読んで、ぴったりの漢字を入れよう。

①たん生日を、みんなでお□いする。

②夜の駅を、□物列車が通りすぎる。

③学校に、毎朝、□童が登校する。

④音楽会に使う楽□を、体育館に運ぶ。

⑤あの人は、みんなを守るけいさつ□です。

⑥なかの□い友だちと、公園で遊ぶ。

⑦家から学校まで、□歩で十五分です。

⑧運動会の、かり物□走に出る。

ヒント　器　競　祝　児　徒　貨　官　良

光村4年④

49 漢字を入れよう 11

名前

文を読んで、ぴったりの漢字を入れよう。

①チューリップの球根が、□を出した。

②すっぱい□ぼしを、口に入れる。

③駅前のホテルを、三人で予□する。

④ぬかるんだ地面に、足あとが□く。

⑤習字で、ていねいに□書をする。

⑥□賀県には、日本一大きな湖がある。

⑦たこやきが有名なのは、大□です。

⑧今日の三時間目は、道□の時間です。

ヒント　約　阪　梅　清　滋　芽　付　徳

光村4年④

月　日

カンジーはかせの都道府県の旅2②

50

漢字を入れよう 12

名前

文を読んで、ぴったりの漢字を入れよう。

① □川県は、うどんが有名な四国の県です。

② 愛□県は、四国にある県です。

③ □が県で、ねつ気球の大会が開かれた。

④ 来年のえとを入れて、年□じょうを作った。

⑤ 長□で、カステラのおみやげを買った。

⑥ □本は、くまモンのキャラクターが有名です。

⑦ □児島県は、九州の南部にある。

ヒント　崎　香　賀　熊　佐　媛　鹿

光村4年④

51

月　日

カンジーはかせの都道府県の旅2③／本のポップや帯を作ろう／神様の階段

光村4年④

漢字を入れよう 13

名前

文を読んで、ぴったりの漢字を入れよう。

①日本の一番西にある県は、□なわ県です。

②おき□県の海は、サンゴがきれいだ。

③インフルエンザにかかって、高い□が出る。

④お父さんは、毎日、会社で□いている。

⑤この町は昔、宿場町で□えていた。

⑥根から、土の中の□分をとる。

⑦今夜の月は、真ん丸の□月だ。

ヒント　沖　熱　養　満　栄　縄　働

2 学期

月　日

52 かくれたパーツをさがせ18

名前

あなたなら、どう言う／パンフレットを読もう／どう直したらいいかな

かくれたパーツをさがして、かんせいさせよう。

① □マ（レイ）
□《おうさま》の□《めいれい》。

② □立（イ）
□《ぜんこく》一□《い》になる。

③ □直（お（く））
□《いえ》に□《くすり》を□《お》く。

④ □魚（リョウ）
□《ふね》が□《りょう》に□《で》る。

⑤ □谷（あ（びる））
□《にっこう》を□《あ》びる。

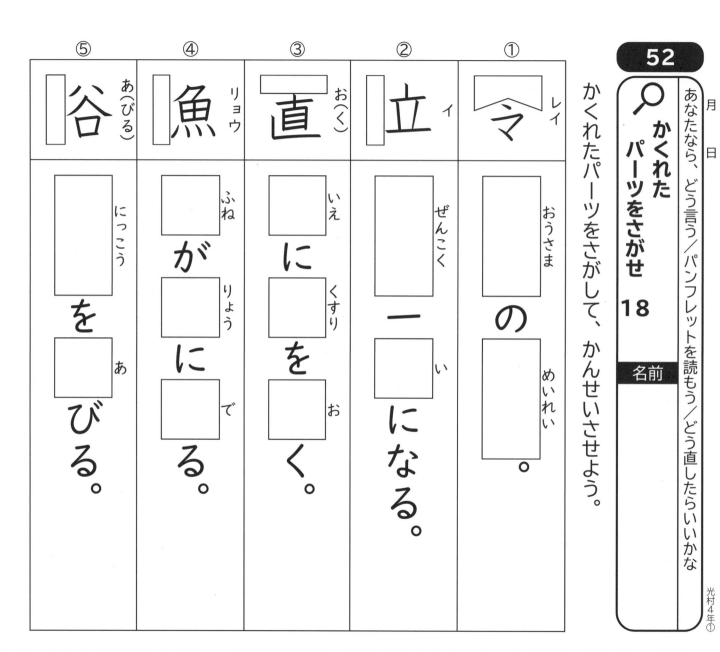

月　日

53

いろいろな意味をもつ言葉①

かくれたパーツをさがせ 19

名前

かくれたパーツをさがして、かんせいさせよう。

① □人《ケツ》

□《しゅっけつ》を□《しら》べる。

② 亠从□《ソツ》

□《しょうがっこう》を□《そつぎょう》。

③ □甲《タン》

□《たんご》を□《か》く。

④ □吉《ケツ》

□《ふた》つが□《けつごう》する。

⑤ 甲□《カ》

□《かじつ》を□《た》べる。

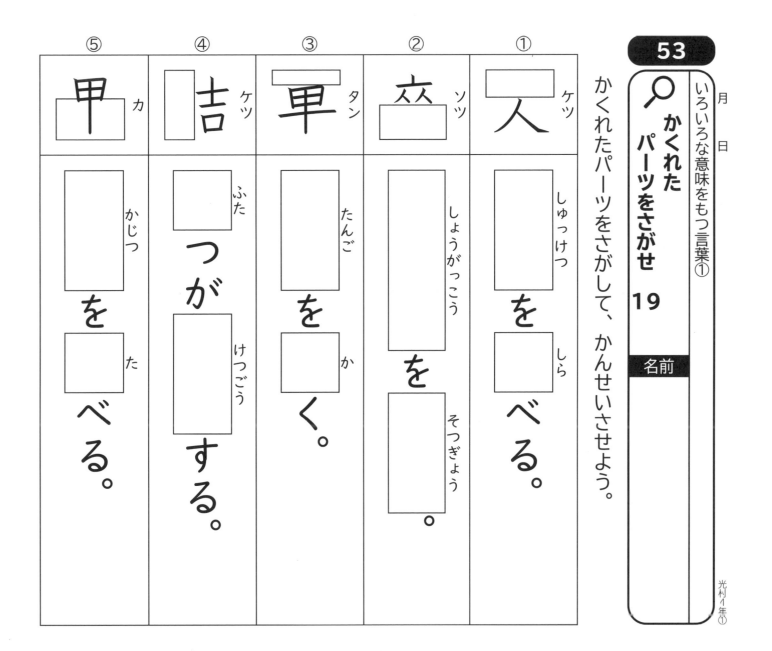

54

かくれたパーツをさがせ 20

いろいろな意味をもつ言葉②

月　日

名前

かくれたパーツをさがして、かんせいさせよう。

① 圣《ケイ》
□《えん》の□《ちょっけい》。

② 畐《フク》
□《ふくだいひょう》になる。

③ 匚《ジン》
□《だいじん》の□《しごと》。

④ 行《ガイ》
□《えきまえ》の□《しょうてんがい》。

⑤ 丁《トウ》
□《でんとう》が□《くら》い。

光村4年①

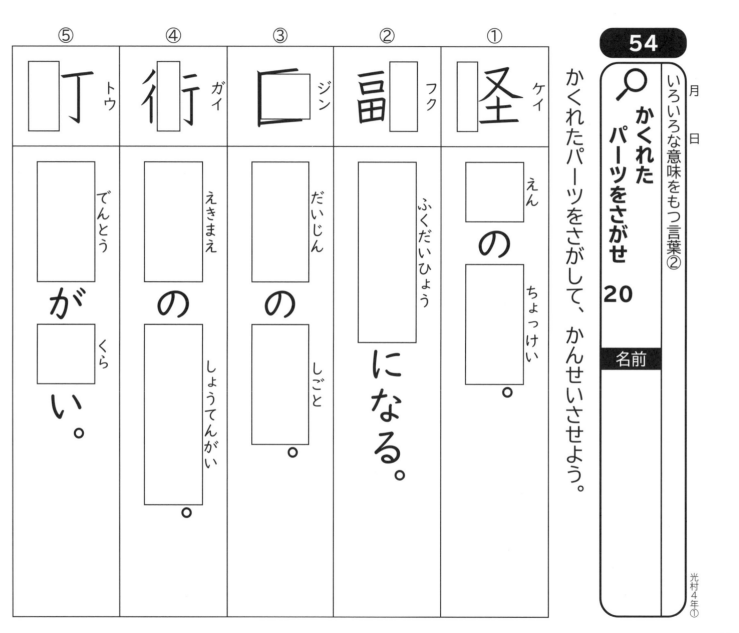

月　日

ローマ字を使いこなそう

55 かくれたパーツをさがせ 21

名前

かくれたパーツをさがして、かんせいさせよう。

① □央《エイ》

□《えいご》を□《はな》す□《ひと》。

② □参《まい(る)》

お□《みやまい》りに□《い》く。

③ □昌《とな(える)》

□《へいわ》を□《とな》える。

④ □𥁕《エン》

□《かいすい》の□《えんぶん》。

⑤ □台《なお(る)》

□《びょうき》が□《なお》る。

⑥ 𡰪□《す(る)》

はん□《が》を□《す》る。

光村4年①

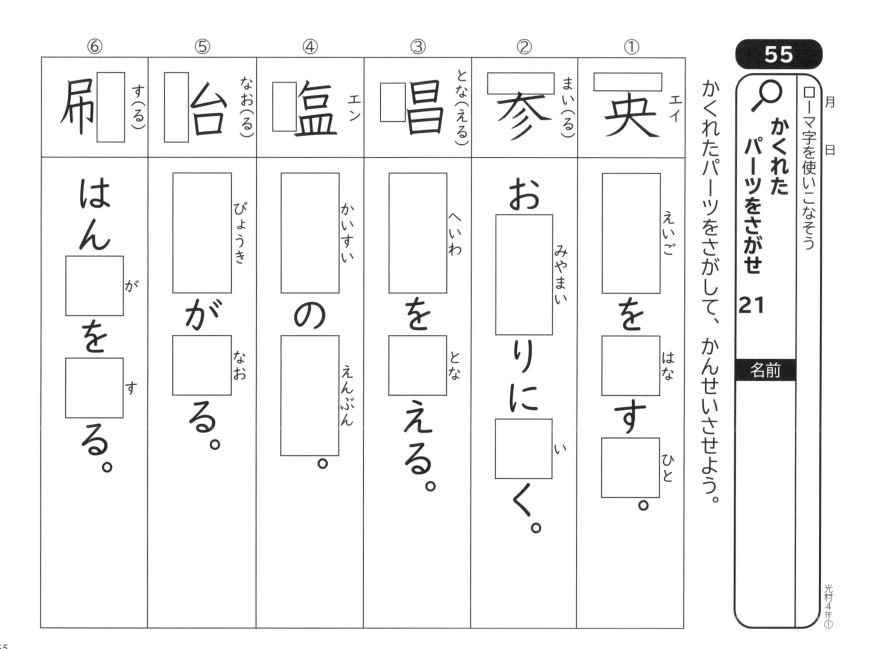

月　日

ごんぎつね①

56

かくれたパーツをさがせ 22

名前

かくれたパーツをさがして、かんせいさせよう。

① □亦　か(わる)

□《そら》の□《いろ》が□《か》わる。

② 十□　マツ

□《ねんまつ》の□《おお》そうじ。

③ □重　たね

□《だいこん》の□《たね》をまく。

④ □売　つづ(く)

□《あめ》がふり□《つづ》く。

⑤ □斤　お(る)

□《ゆびお》り□《かぞ》える。

⑥ □責　セキ

□《めんせき》を□《けいさん》する。

光村4年①

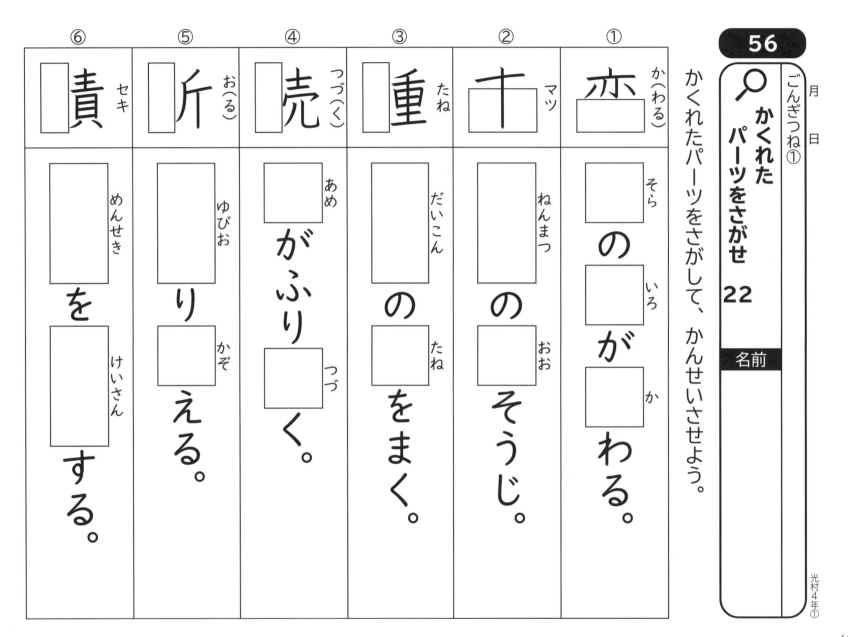

57

ごんぎつね②

月　日

かくれたパーツをさがせ 23

名前

かくれたパーツをさがして、かんせいさせよう。

	①	②	③	④	⑤	⑥
パーツ	□公（まつ）	不□（フ）	□義（ギ）	差（さ（す））	今（ネン）	口（かた（める））
文	□《まつばやし》を□《ある》く。	□《ふあん》に□《おも》う。	□《ぎだい》を□《き》める。	□《やま》の□《ほう》を□《ゆびさ》す。	□《きねんひん》をもらう。	□《ゆき》を□《かた》める。

光村4年①

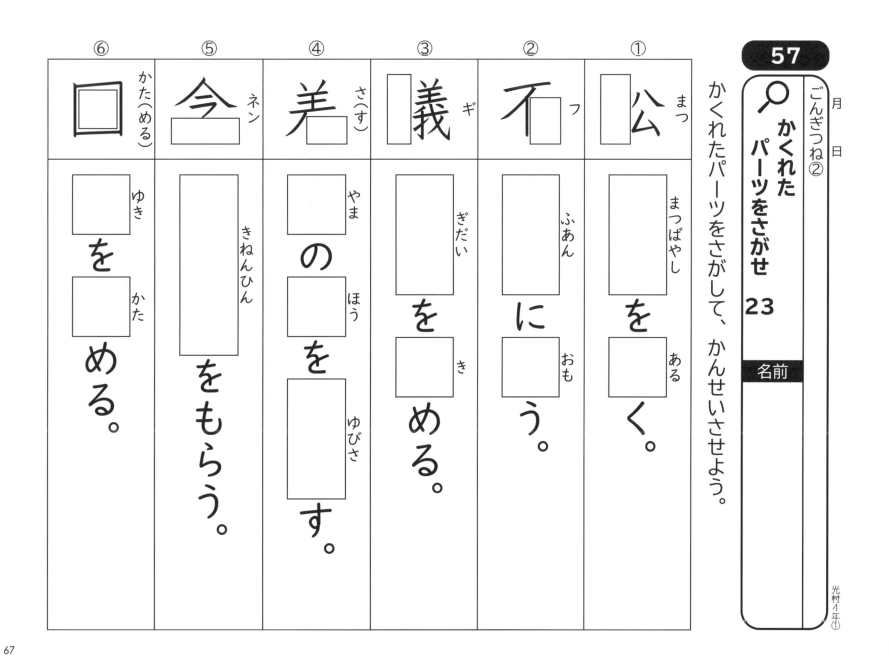

58

月　日

ごんぎつね③／漢字を正しく使おう①

かくれたパーツをさがせ 24

名前

かくれたパーツをさがして、かんせいさせよう。

① □更《ビン》
ゆう□《びん》で□《おく》る。

② □尃《ハク》
□《はくぶつかん》に□《い》く。

③ □戋《あさ（い）》
□《ふか》い□《いけ》と□《あさ》い□《いけ》。

④ 倉《ソウ》
□《たいいく》□《そうこ》に□《はこ》ぶ。

⑤ □し《ふだ》
□《なふだ》の□《なまえ》。

光村4年①

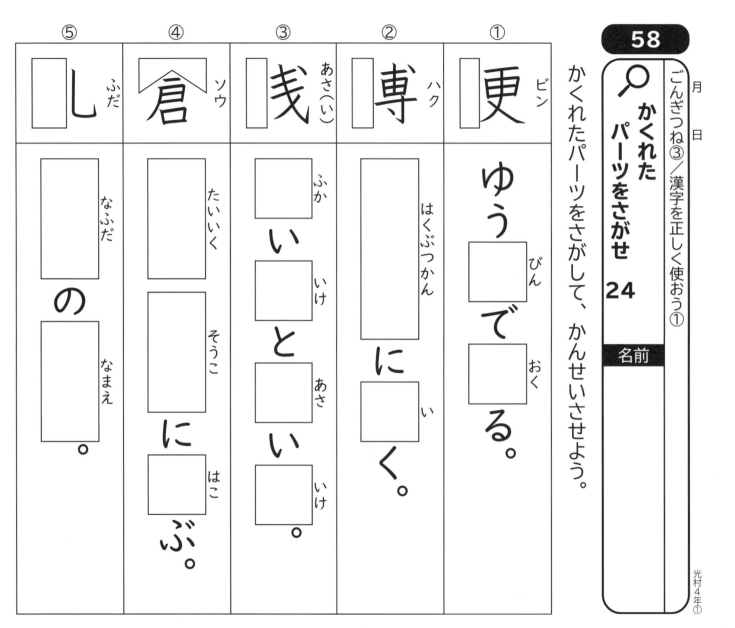

59

漢字を正しく使おう②

かくれたパーツをさがせ 25

名前

月　日

かくれたパーツをさがして、かんせいさせよう。

① □系（まご）
□《まご》の□《て》を□《ひ》く。

② エ□（コウ）
□《う》ち□《あ》げ□《せいこう》。

③ □口（くわ(える)）
□《みず》を□《すこ》し□《くわ》える。

④ □文（ボク）
□《ぼくじょう》の□《うし》や□《うま》。

⑤ □昔（か(りる)）
□《ほん》を□《か》りる。

光村4年①

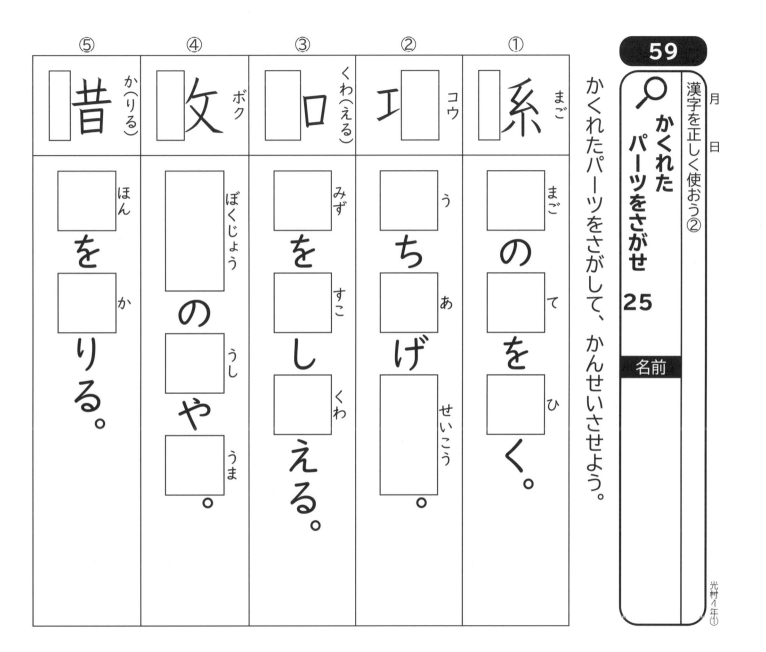

60

かくれたパーツをさがせ 26

名前

クラスみんなで決めるには／み来につなぐ工げい品①

月　日

かくれたパーツをさがして、かんせいさせよう。

①

キョ

□《いっきょ》に□《しあ》げる。

②
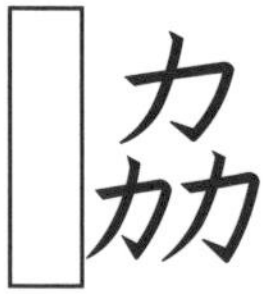
キョウ

□《ふたり》で□《きょうりょく》する。

③

キョク

□《なんきょく》は□《さむ》い。

④

もと(める)

□《お》い□《もと》める。

⑤

ミ

□《みらい》を□《よそう》する。

⑥

ゲイ

□《しゅげい》を□《はじ》める。

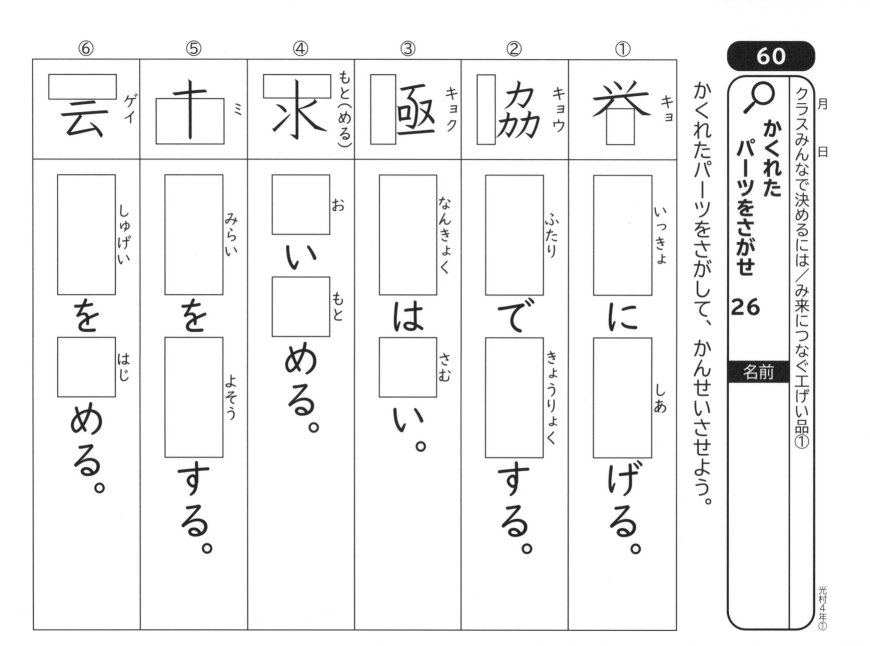

月　日

未来につなぐ工芸品②／慣用句①

かくれたパーツをさがせ 27

名前

かくれたパーツをさがして、かんせいさせよう。

① 各《カク》

□《かくち》の□《てんき》。

② □斗《リョウ》

□《りょうり》の□《ちょうみりょう》。

③ 然《ゼン》

□《しぜん》を□《まも》る。

④ □中《なか》

□《なかま》と□《かつどう》する。

⑤ 労《ロウ》

□《くろう》を□《かさ》ねる。

⑥ □尭《や(く)》

□《せわ》を□《や》く。

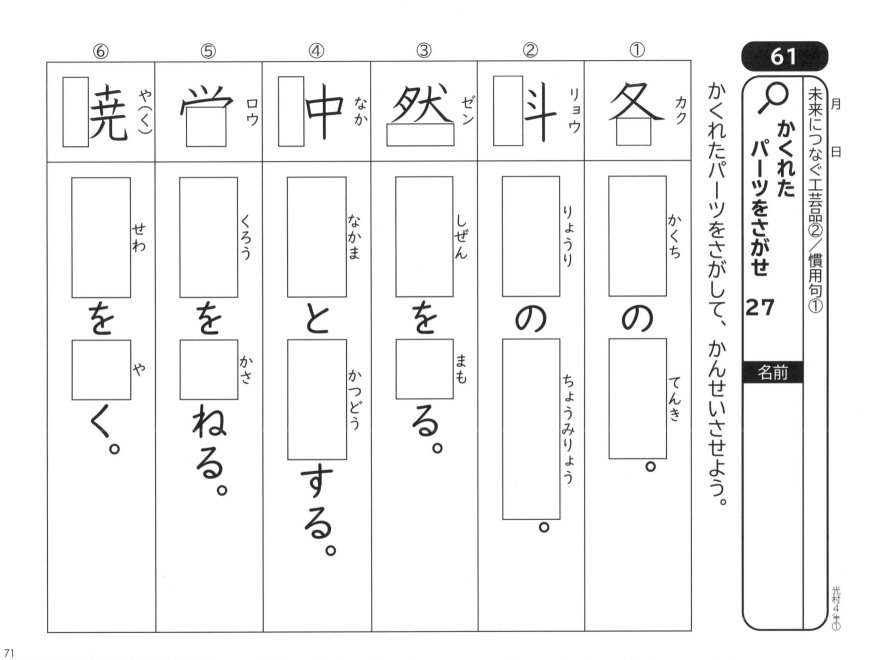

62

かくれたパーツをさがせ 28

名前

かくれたパーツをさがして、かんせいさせよう。

① □令《レイ》
□《れいき》を□《かん》じる。

② 昭□《ショウ》
□《しょうめい》を□《お》とす。

③ □子《す（く）》
□《す》きな□《た》べ□《もの》。

④ □取《もっと（も）》
□《もっと》も□《きおん》が□《たか》い。

⑤ 少□《セイ》
□《ふか》く□《はんせい》する。

⑥ □果《カ》
□《かだい》を□《だ》す。

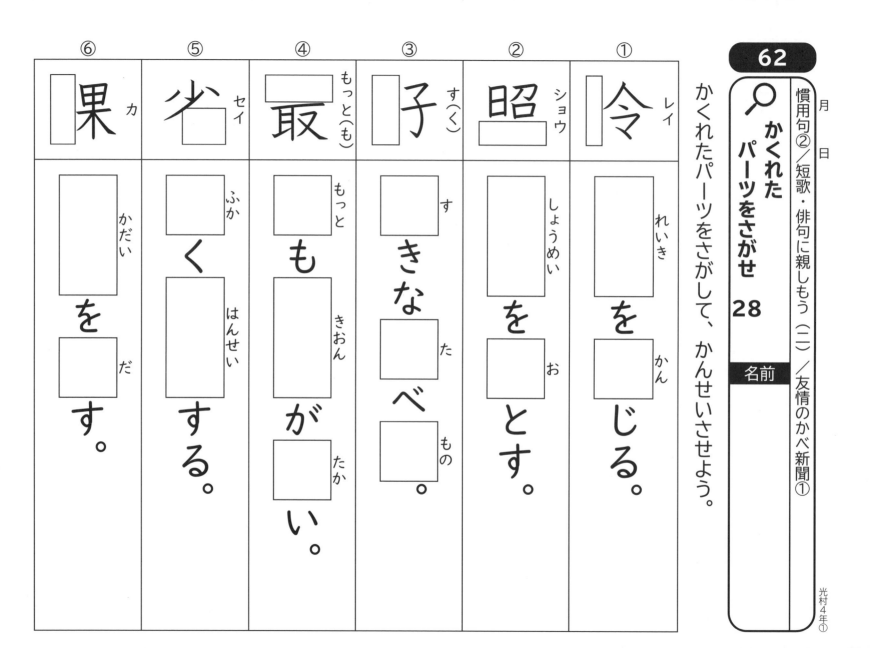

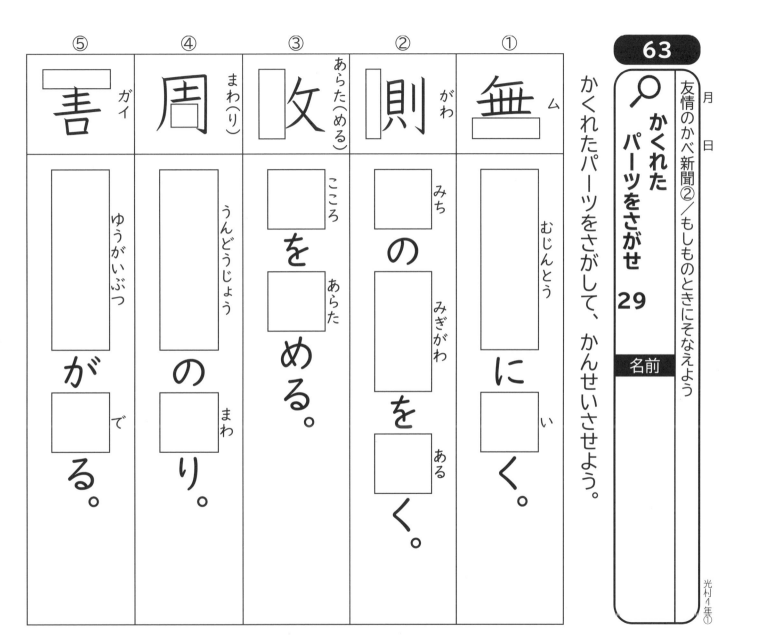

友情のかべ新聞②／もしものときにそなえよう

月　日

かくれたパーツをさがせ 29

名前

かくれたパーツをさがして、かんせいさせよう。

①
□《ム》
□《むじんとう》に□《い》く。

②
□《がわ》
□《みち》の□《みぎがわ》を□《ある》く。

③
□《あらた(める)》
□《こころ》を□《あらた》める。

④
□《まわ(り)》
□《うんどうじょう》の□《まわ》り。

⑤
□《ガイ》
□《ゆうがいぶつ》が□《で》る。

光村4年①

64

月　日

✚ 漢字足し算 14

あなたなら、どう言う〜いろいろな意味をもつ言葉①

名前

漢字の足し算をしよう。

＊答えの漢字でことばを作ろう。

① 𠆢＋丶＋マ＝□↓↓↓□

② 亻＋立＝□↓↓↓↓□

③ 罒＋十＋目＋乚＝□↓□

④ 氵＋⺈＋田＋灬＝□↓□

⑤ 氵＋八＋𠆢＋口＝□↓□

⑥ 𠂉＋人＝□↓↓↓↓↓□

⑦ 亠＋人＋人＋丅＝□↓□

⑧ ⺍＋日＋十＝□↓↓↓□

65

月　日

いろいろな意味をもつ言葉②

✚漢字足し算 15

名前

漢字の足し算をしよう。

＊答えの漢字でことばを作ろう。

① 糸＋土＋口＝□↓↓↓↓□

② 日＋木＝□↓↓↓↓↓□

③ 亻＋又＋土＝□↓↓↓□

④ 一＋口＋田＋刂＝□↓□

⑤ 丨＋一＋宀＋一＝□↓□

⑥ 亻＋土＋土＋亍＝□↓□

⑦ 火＋丁＝□↓↓↓↓↓□

光村4年②

月　日

ローマ字を使いこなそう

＋漢字足し算 16

名前

光村4年②

漢字の足し算をしよう。

① 艹 ＋ 口 ＋ 人 ＝ □ ↓ ↓ ↓ □

② 厶 ＋ 大 ＋ 彡 ＝ □ ↓ ↓ ↓ □

③ 口 ＋ 日 ＋ 日 ＝ □ ↓ ↓ ↓ □

④ 土 ＋ 𠂉 ＋ 口 ＋ 皿 ＝ □ ↓ □

⑤ 氵 ＋ 厶 ＋ 口 ＝ □ ↓ ↓ ↓ □

⑥ 尸 ＋ 巾 ＋ 刂 ＝ □ ↓ ↓ ↓ □

＊答えの漢字でことばを作ろう。

67

月　日

ごんぎつね①

✚漢字足し算 17

名前

漢字の足し算をしよう。

＊答えの漢字でことばを作ろう。

① 亠＋⺌＋夂＝□↓↓↓□

② 一＋木＝□↓↓↓↓↓□

③ 禾＋⺁＋日＋土＝□↓□

④ 糸＋士＋冖＋儿＝□↓□

⑤ 扌＋斤＝□↓↓↓↓↓□

⑥ 禾＋圭＋貝＝□↓↓↓□

⑦ 木＋八＋ム＝□↓↓↓□

⑧ 一＋亻＋丶＝□↓↓↓□

光村4年②

月　日

ごんぎつね②

68

＋ 漢字足し算 18

名前

漢字の足し算をしよう。

＊答えの漢字でことばを作ろう。

①　言＋𦍌＋我＝□→→→□

②　丷＋王＋ノ＋工＝□→□

③　𠆢＋ラ＋心＝□→→→□

④　冂＋古＋一＝□→→→□

⑤　亻＋亘＋乂＝□→→→□

⑥　忄＋由＋寸＝□→→→□

⑦　氵＋彡＋戈＝□→→→□

光村4年②

漢字を正しく使おう　月　日

漢字足し算 19

名前

漢字の足し算をしよう。

＊答えの漢字でことばを作ろう。

① 𠆢 ＋ 一 ＋ 戸 ＋ 口 ＝ □ ↓ □

② 木 ＋ し ＝ □ ↓ ↓ ↓ ↓ ↓ □

③ 子 ＋ 丿 ＋ 糸 ＝ □ ↓ ↓ ↓ □

④ 工 ＋ 力 ＝ □ ↓ ↓ ↓ ↓ ↓ □

⑤ カ ＋ 口 ＝ □ ↓ ↓ ↓ ↓ ↓ □

⑥ 牛 ＋ 攵 ＝ □ ↓ ↓ ↓ ↓ ↓ □

⑦ 亻 ＋ 艹 ＋ 日 ＝ □ ↓ ↓ ↓ □

光村1年②

70

漢字足し算 20

クラスみんなで決めるには／み来につなぐ工げい品①

月　日

名前

漢字の足し算をしよう。

① ⺍ ＋ 一 ＋ 八 ＋ 手 ＝ □ ↓ □

② 十 ＋ 力 ＋ 力 ＋ 力 ＝ □ ↓ □

③ 木 ＋ 了 ＋ 口又 ＋ 一 ＝ □ ↓ □

④ 一 ＋ 水 ＋ 、 ＝ □ ↓ ↓ ↓ □

⑤ 一 ＋ 木 ＝ □ ↓ ↓ ↓ ↓ ↓ □

⑥ 艹 ＋ 二 ＋ 厶 ＝ □ ↓ ↓ ↓ □

⑦ 夂 ＋ 口 ＝ □ ↓ ↓ ↓ ↓ ↓ □

⑧ 米 ＋ 氵 ＋ 十 ＝ □ ↓ ↓ ↓ □

＊答えの漢字でことばを作ろう。

光村4年②

71

漢字足し算 21

未来につなぐ工芸品②～友情のかべ新聞①

月　日

名前

漢字の足し算をしよう。

＊答えの漢字でことばを作ろう。

① 夕 ＋ 犬 ＋ 灬 ＝ □ ↓ ↓ ↓ □

② 亻 ＋ 口 ＋ 丨 ＝ □ ↓ ↓ ↓ □

③ 〃 ＋ 冖 ＋ 力 ＝ □ ↓ ↓ ↓ □

④ 火 ＋ ＋ ＋ 卅 ＋ 儿 ＝ □ ↓ □

⑤ 冫 ＋ 人 ＋ 丶 ＋ マ ＝ □ ↓ □

⑥ 日 ＋ 勹 ＋ 口 ＋ 灬 ＝ □ ↓ □

⑦ 女 ＋ 子 ＝ □ ↓ ↓ ↓ ↓ ↓ □

⑧ 冃 ＋ 耳 ＋ 又 ＝ □ ↓ ↓ ↓ □

光村1年②

72

月　日

友情のかべ新聞②／もしものときにそなえよう

漢字足し算 22

名前

漢字の足し算をしよう。

①　小＋ノ＋目＝□→→→□

②　言＋日＋木＝□→→→□

③　𠂉＋卌＋一＋灬＝□→□

④　亻＋貝＋刂＝□→→→□

⑤　己＋文＝□→→→→□

⑥　冂＋土＋口＝□→→→□

⑦　宀＋圭＋口＝□→→→□

＊答えの漢字でことばを作ろう。

足りないのはどこ（形をよく見て）9

名前

足りないところを見つけて、正しく書こう。

① 合《めい》令《れい》

② 順《じゅん》仁《い》

③ 物《もの》置《おき》

④ 漁《ぎょ》業《ぎょう》

⑤ 海《かい》水《すい》沿《よく》

⑥ 出《しゅっ》欠《けつ》

⑦ 卒《そつ》園《えん》

⑧ 単《たん》語《ご》

⑨ 結《けつ》合《ごう》

⑩ 戊《せい》果《か》

⑪ 半《はん》径《けい》

⑫ 副《ふく》会《かい》長《ちょう》

いろいろな意味をもつ言葉②／ローマ字を使いこなそう

月　日

足りないのはどこ（形をよく見て）10

名前

足りないところを見つけて、正しく書こう。

① 人《だい》巨《じん》 → □

② 街《まち》かど → □

③ 電《でん》灯《とう》 → □

④ 英《えい》会《かい》話《わ》 → □

⑤ 持《じ》参《さん》 → □

⑥ 合《がっ》唱《しょう》 → □

⑦ 塩《えん》分《ぶん》 → □

⑧ 治《ち》安《あん》 → □

⑨ 刷《す》る → □

月　日

ごんぎつね①

75

足りないのはどこ（形をよく見て）11

名前

足りないところを見つけて、正しく書こう。

① 変身《へんしん》 → □

② 週木《しゅうまつ》 → □

③ 品種《ひんしゅ》 → □

④ 持続《じぞく》 → □

⑤ 折《お》り紙《がみ》 → □

⑥ 百積《めんせき》 → □

⑦ 松材《まつばやし》 → □

⑧ 下月心《ぶようじん》 → □

⑨ 会議《かいぎ》 → □

⑩ 時差《じさ》 → □

⑪ 記念《きねん》 → □

⑫ 回定《こてい》 → □

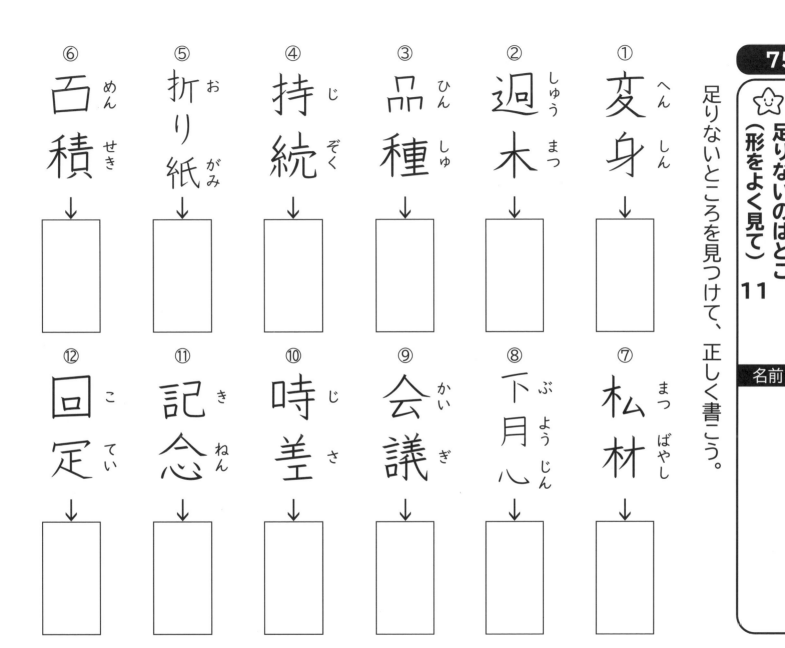

月　日

76 足りないのはどこ（形をよく見て）12

名前

足りないところを見つけて、正しく書こう。

① 便《べん》所《じょ》 ↓ □

② 博《はく》物《ぶつ》館《かん》 ↓ □

③ 遠《とお》浅《あさ》 ↓ □

④ 米《こめ》倉《ぐら》 ↓ □

⑤ 新《しん》札《さつ》 ↓ □

⑥ 子《し》孫《そん》 ↓ □

⑦ 成《せい》功《こう》 ↓ □

⑧ 追《つい》加《か》 ↓ □

⑨ 牧《ぼく》場《じょう》 ↓ □

⑩ 借《しゃっ》金《きん》 ↓ □

⑪ 挙《きょ》手《しゅ》 ↓ □

⑫ 協《きょう》調《ちょう》 ↓ □

光村4年③

クラスみんなで決めるには②／みらいにつなぐ工げい品／慣用句

月　日

77

足りないのはどこ（形をよく見て）13

名前

足りないところを見つけて、正しく書こう。

① 儿《ほっ》極《きょく》 →

② 追《つい》求《きゅう》 →

③ 木《み》末《らい》 →

④ 芸《げい》ノ《にん》 →

⑤ 名《かく》目《じ》 →

⑥ 食《しょく》料《りょう》 →

⑦ ヨ《とう》然《ぜん》 →

⑧ 仲《なか》間《ま》 →

⑨ 苦《く》労《ろう》 →

⑩ ク《ゆう》焼《や》け →

⑪ 令《れい》気《き》 →

足りないのはどこ（形をよく見て）14

名前

足りないところを見つけて、正しく書こう。

① 照明《しょうめい》 ↓ □

② 奵物《こうぶつ》 ↓ □

③ 最近《さいきん》 ↓ □

④ 反省《はんせい》 ↓ □

⑤ 課題《かだい》 ↓ □

⑥ 無事《ぶじ》 ↓ □

⑦ 側百《そくめん》 ↓ □

⑧ 改王《かいせい》 ↓ □

⑨ 周期《しゅうき》 ↓ □

⑩ 害虫《がいちゅう》 ↓ □

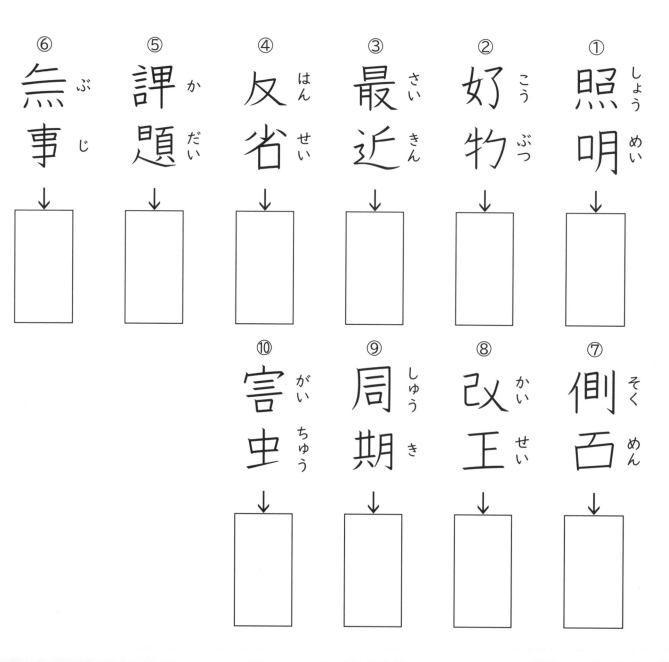

月　日

あなたなら、どう言う〜いろいろな意味をもつ言葉①

漢字を入れよう 14

名前

文を読んで、ぴったりの漢字を入れよう。

①遠足で、先生が集合の号□をかける。

②マラソンでがんばって、一□になる。

③雨が上がって、電車にかさを□きわすれる。

④魚をとるために、船で□に出る。

⑤夏休みに、家族で海水□に行った。

⑥体のために、毎日□かさず運動をする。

⑦六年生が□業して、中学校に行く。

⑧姉が、カードに□語を書いている。

ヒント　卒　漁　置　令　位　浴　欠　単

光村4年④

月　日

漢字を入れよう 15

名前

文を読んで、ぴったりの漢字を入れよう。

①ほどけた、くつのひもを□び直す。

②木に、おいしそうな□実がなっている。

③この円の直□は、何センチですか。

④放送委員の、委員長と□委員長を決める。

⑤国会で、日本のそう理大□を決める。

⑥町の商店□で、買い物をする。

⑦夜の海に、□台の明かりが見える。

ヒント　街　果　径　臣　灯　副　結

月　日

81

ローマ字を使いこなそう

漢字を入れよう 16

名前

文を読んで、ぴったりの漢字を入れよう。

①アメリカやイギリスの人は、□語を話す。

②夏休みに、おじいさんのおはか□りに行く。

③合□コンクールで歌う曲を決める。

④海の水は、とても□からい。

⑤薬を飲んで、ようやく病気が□った。

⑥プリンターで、地図をカラー印□する。

ヒント　塩　英　治　参　刷　唱

光村4年④

月　日

ごんぎつね①

漢字を入れよう 17

名前

文を読んで、ぴったりの漢字を入れよう。

①秋になると、緑色の葉が黄色に□わる。

②年□に、自分の部屋の大そうじをする。

③植木ばちに、アサガオの□をまいた。

④六月は、雨が何日もふり□いた。

⑤強風で、木のえだが□れた。

⑥大雪で、屋根に雪が一メートル□もる。

⑦森の中で、□ぼっくりを拾う。

⑧うまくいくかどうか、□安でねむれない。

ヒント　末　折　不　松　変　積　続　種

光村4年④

月　日

ごんぎつね②

漢字を入れよう 18

名前

光村4年④

文を読んで、ぴったりの漢字を入れよう。

①みんなで、学級会の□題を相談する。

②夜が明けて、部屋に朝日が□しこんだ。

③ゆう勝した記□に、メダルをもらった。

④工作で使うのりが、□まってしまった。

⑤これは、とても□利な道具です。

⑥きょうりゅうの□物館を、見学した。

⑦この海岸は、遠□で安全だ。

ヒント　博　浅　議　便　差　念　固

月　日

漢字を正しく使おう

漢字を入れよう 19

名前

文を読んで、ぴったりの漢字を入れよう。

①いらない荷物を、□庫に入れておく。

②学校では、左むねに名□をつけている。

③おじいさんが、小さな□の手を引いて歩く。

④日本が、ロケットの打ち上げに成□する。

⑤なべの中に、もう少し水を□える。

⑥高原の□場に、牛や馬がいる。

⑦図書館で、本を二さつ□りました。

ヒント　功　倉　孫　牧　加　札　借

光村4年④

月　日

クラスみんなで決めるには／み来につなぐ工げい品①

漢字を入れよう　20

名前

文を読んで、ぴったりの漢字を入れよう。

①しつ問がある人は、手を□げてください。

②なかの良い友だちと□力して、作品を作る。

③動物園で、北□熊の親子を見た。

④海でおぼれそうになり、助けを□める。

⑤十年後の□来の自分へ、手紙を書く。

⑥テレビに、おわらい□人が出ている。

⑦テレビで、日本□地の天気を見る。

⑧日曜日は、お父さんが□理をする。

ヒント　極　料　挙　未　求　芸　協　各

光村4年④

月　日

未来につなぐ工芸品②～友情のかべ新聞①

漢字を入れよう 21

名前

文を読んで、ぴったりの漢字を入れよう。

①山や海の、自□を守る活動をする。

②けんかをした友だちと、□直りをする。

③わがままで、家族に苦□をかける。

④西の空が、夕□けで赤くなる。

⑤今日はくもりで、プールの水が□たい。

⑥今日は、朝から日が□って、とても暑い。

⑦姉もわたしも、ケーキが大□きです。

⑧富じ山は、日本で□も高い山です。

ヒント　好　焼　最　然　冷　照　仲　労

月　日

友情のかべ新聞②／もしものときにそなえよう

漢字を入れよう 22

名前

文を読んで、ぴったりの漢字を入れよう。

①自分の悪かったところを、反□する。

②あの人は、縄とびを毎日の日□にしている。

③ゲームを買って、お年玉がもう□い。

④学校のろうかは、右□を歩きます。

⑤心を□めて、もう一度取り組む。

⑥船で、世界一□の旅をする。

⑦さくらの木が、□虫のせいでかれた。

ヒント　周　改　害　課　側　無　省

3学期

88

かくれたパーツをさがせ 30

自分だけの詩集を作ろう／言葉かられん想を広げて／熟語の意味①

月　日

名前

かくれたパーツをさがして、かんせいさせよう。

① キョウ
□《きょうつうてん》がない。

② レン
□《じゅうれんぱつ》の□《はなび》。

③ ねが(う)
□《ながねん》の□《ねが》い。

④ のぞ(む)
□《あめ》を□《ま》ち□《のぞ》む。

⑤ シツ
□《しつれい》なたい□《ど》。

⑥ べ
□《みずうみ》の□《きしべ》を□《ある》く。

光村4年①

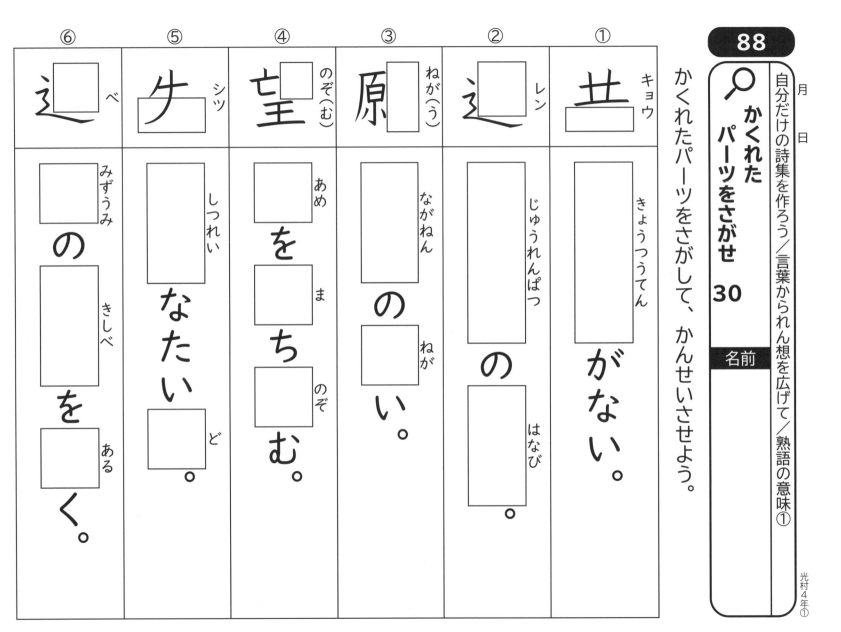

熟語の意味②

月　日

かくれたパーツをさがせ 31

名前

かくれたパーツをさがして、かんせいさせよう。

①
□氏　ひく(い)

□《たか》い□《やま》と□《ひく》い□《やま》。

②
貝□　やぶ(れる)

□《けっしょう》で□《やぶ》れる。

③
老□　ロウ

□《げんき》な□《ろうじん》。

④
广□　テイ

□《かいてい》の□《い》き□《もの》。

⑤
覀□　ヒョウ

□《とうひょう》□《ようし》に□《か》く。

⑥
□坴　リク

□《りくち》を□《はっけん》する。

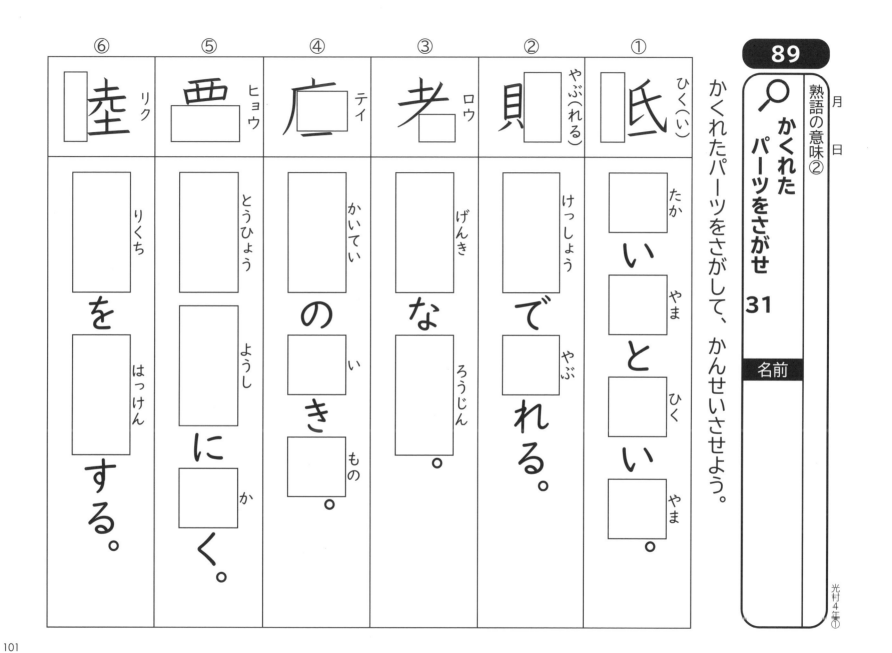

90

熟語の意味③／風船でうちゅうへ①

月　日

かくれたパーツをさがせ 32

名前

かくれたパーツをさがして、かんせいさせよう。

① □官 カン
□《じかん》を□《かんり》する。

② □衣 イ
□《なつ》の□《いふく》を□《だ》す。

③ □元 カン
□《ひ》を□《かんぜん》に□《け》す。

④ □僉 ケン
□《りか》の□《じっけん》。

⑤ 另□ わか(れる)
□《とも》と□《えき》で□《わか》れる。

⑥ □戋 のこ(る)
□《やね》に□《ゆき》が□《のこ》る。

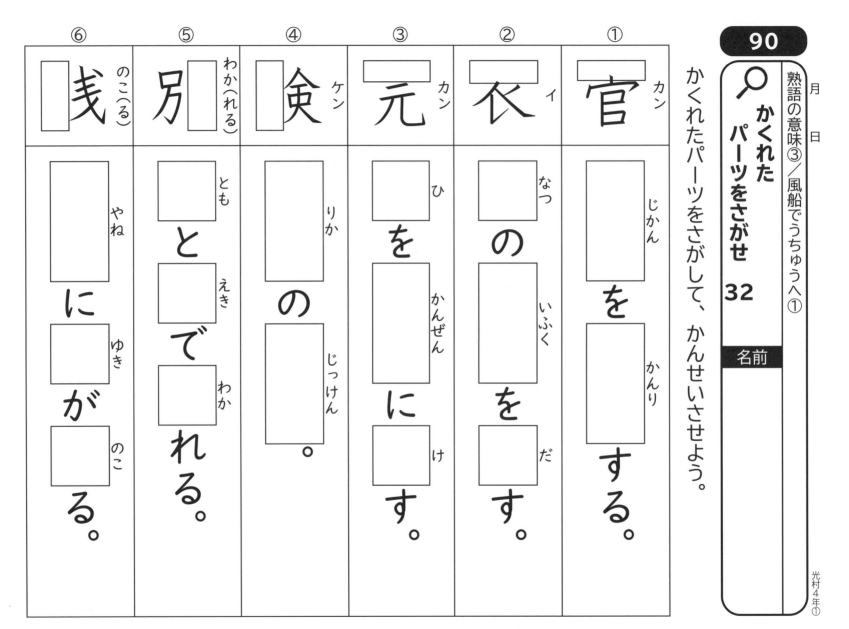

月　日

風船でうちゅうへ②／つながりに気をつけよう①

かくれたパーツをさがせ 33

名前

かくれたパーツをさがして、かんせいさせよう。

①

キ

□《きぼう》を□《も》つ。

②

つと(める)

□《べんがく》に□《つと》める。

③

たば

□《はは》に□《はなたば》を□《おく》る。

④

す

□《とり》が□《すばこ》に□《かえ》る。

⑤

う(まれる)

□《こいぬ》が□《う》まれた。

⑥

コウ

□《きょう》は□《あくてんこう》だ。

光村4年①

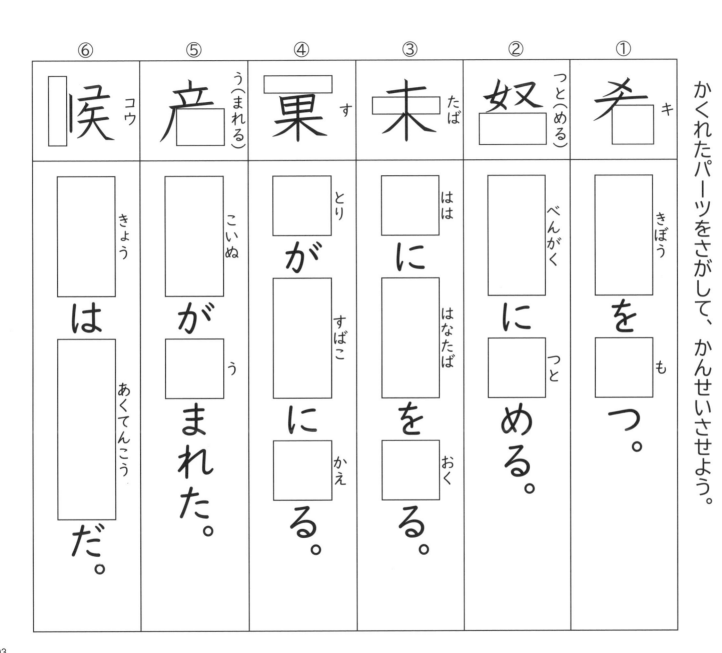

92

月　日

つながりに気をつけよう②

かくれたパーツをさがせ 34

名前

かくれたパーツをさがして、かんせいさせよう。

① □祭《サツ》
□《しら》べて□《こうさつ》する。

② □寺《トク》
□《とっきゅう》□《でんしゃ》に□《の》る。

③ □兆《チョウ》
□《じ》しんの□《ぜんちょう》。

④ □意《オク》
□《おくまん》□《ちょうじゃ》になる。

⑤ □竟《かがみ》
□《かがみ》に□《かお》がうつる。

光村4年①

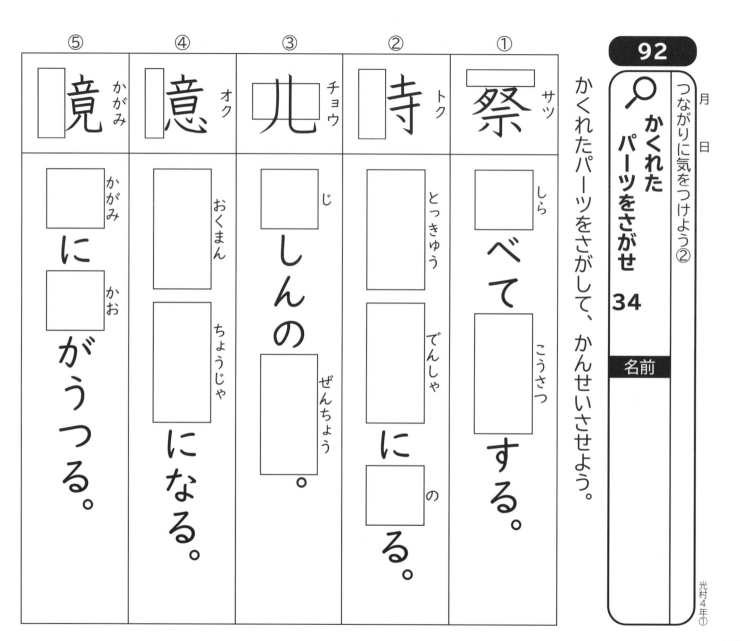

月　日

スワンレイクのほとりで

93

かくれたパーツをさがせ 35

名前

かくれたパーツをさがして、かんせいさせよう。

① 昔□《サン》

□《いぬ》の□《さんぽ》をする。

② □氏《ミン》

□《じゅうみん》が□《はな》し□《あ》う。

③ ⺍□《おぼ》(える)

□《かんじ》を□《おぼ》える。

④ 甬□《いさ》(む)

□《いさ》ましいかけ□《ごえ》。

⑤ □夭《わら》(う)

□《おおごえ》で□《わら》う。

光村4年①

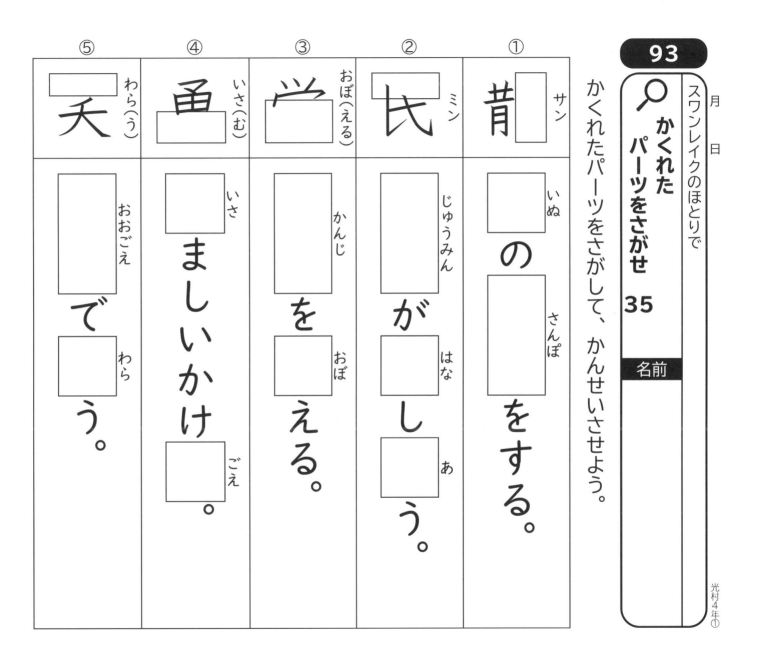

94

月　日

自分だけの詩集を作ろう／言葉かられん想を広げて／熟語の意味①

✚ 漢字足し算 23

名前

漢字の足し算をしよう。

＊答えの漢字でことばを作ろう。

① 艹 ＋ 一 ＋ 八 ＝ □ → □

② 車 ＋ 辶 ＝ □ → □

③ 厂 ＋ 白 ＋ 小 ＋ 頁 ＝ □ → □

④ 七 ＋ 月 ＋ 王 ＝ □ → □

⑤ 𠂉 ＋ 大 ＝ □ → □

⑥ 刀 ＋ 辶 ＝ □ → □

⑦ 亻 ＋ 氏 ＋ 一 ＝ □ → □

光村4年②

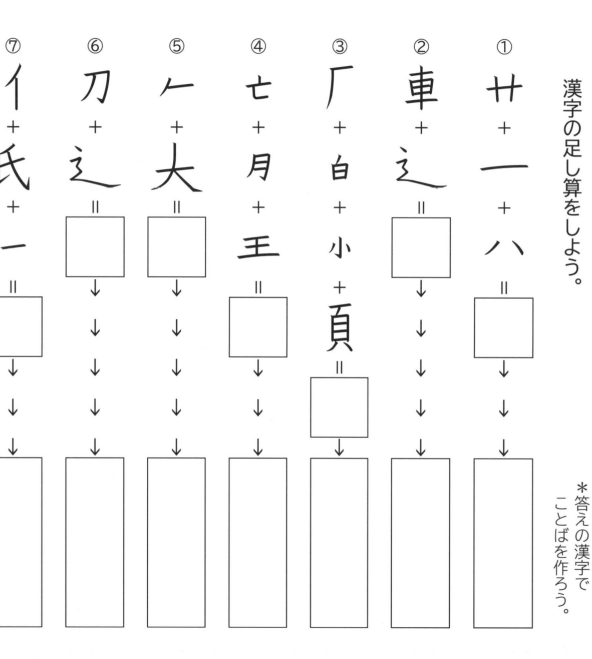

95

熟語の意味②

月　日

✚ 漢字足し算 24

名前

漢字の足し算をしよう。

① 貝 ＋ 攵 ＝ □ ↓ ↓ ↓ ↓ □

② 土 ＋ ノ ＋ 匕 ＝ □ ↓ ↓ ↓ □

③ 广 ＋ 氏 ＋ 一 ＝ □ ↓ ↓ ↓ □

④ 西 ＋ 二 ＋ 小 ＝ □ ↓ ↓ ↓ □

⑤ 阝 ＋ 土 ＋ 儿 ＋ 土 ＝ □ ↓ □

⑥ ⺮ ＋ 宀 ＋ 呂 ＝ □ ↓ ↓ ↓ □

⑦ 亠 ＋ 亻 ＋ く ＝ □ ↓ ↓ ↓ □

＊答えの漢字でことばを作ろう。

96

月　日

風船でうちゅうへ

漢字足し算25

名前

漢字の足し算をしよう。

＊答えの漢字でことばを作ろう。

① 宀＋二＋儿＝□→→→□

② 馬＋𠆢＋夬＝□→→→□

③ 口＋勹＋刂＝□→→→□

④ 歹＋彡＋戈＝□→→→□

⑤ 乂＋𠂇＋巾＝□→→→□

⑥ 女＋又＋力＝□→→→□

光村4年②

月　日

漢字足し算 26

つながりに気をつけよう①

名前

漢字の足し算をしよう。

＊答えの漢字でことばを作ろう。

① 一 ＋ 口 ＋ 人 ＝ □ → → → □

② ッ ＋ 日 ＋ 木 ＝ □ → → → □

③ 立 ＋ ノ ＋ 生 ＝ □ → → → □

④ 亻 ＋ 丨 ＋ ユ ＋ 矢 ＝ □ → □

⑤ 宀 ＋ 夕 ＋ 又 ＋ 示 ＝ □ → □

⑥ 牛 ＋ 土 ＋ 寸 ＝ □ → → → □

⑦ 丬 ＋ 乚 ＋ く ＝ □ → → → □

光村4年②

漢字足し算 27

つながりに気をつけよう②／スワンレイクのほとりで

月　日

名前

漢字の足し算をしよう。

＊答えの漢字でことばを作ろう。

① 亻＋立＋日＋心＝□→□
② 金＋立＋日＋儿＝□→□
③ 卄＋月＋攵＝□→→→□
④ 尸＋弋＝□→→→→□
⑤ ⺌＋冖＋見＝□→→→□
⑥ マ＋田＋力＝□→→→□
⑦ ⺮＋丿＋大＝□→→→□

月　日

自分だけの詩集を作ろう／言葉かられん想を広げて／熟語の意味①

足りないのはどこ（形をよく見て）15

名前

足りないところを見つけて、正しく書こう。

① 公《こう》共《きょう》 ↓ □

② 連《れん》休《きゅう》 ↓ □

③ 願《がん》書《しょ》 ↓ □

④ 待《たい》望《ぼう》 ↓ □

⑤ 失《しつ》礼《れい》 ↓ □

⑥ 海《うみ》辺《べ》 ↓ □

⑦ 低《てい》温《おん》 ↓ □

⑧ 敗《はい》者《しゃ》 ↓ □

⑨ 老《お》いる ↓ □

⑩ 海《かい》底《てい》 ↓ □

⑪ 投《とう》票《ひょう》 ↓ □

⑫ 着《ちゃく》陸《りく》 ↓ □

光村4年③

100

月　日

熟語の意味②／風船でうちゅうへ／つながりに気をつけよう①

足りないのはどこ（形をよく見て）16

名前

足りないところを見つけて、正しく書こう。

①　血《けっ》管《かん》→

②　衣《い》服《ふく》→

③　完《かん》戊《せい》→

④　休《たい》験《けん》→

⑤　別《べつ》ノ《じん》→

⑥　残《ざん》暑《しょ》→

⑦　布《き》望《ぼう》→

⑧　努《ど》刀《りょく》→

⑨　約《やく》車《そく》→

⑩　巣《す》箱《ばこ》→

⑪　出《しゅっ》産《さん》→

⑫　大《てん》侯《こう》→

光村4年③

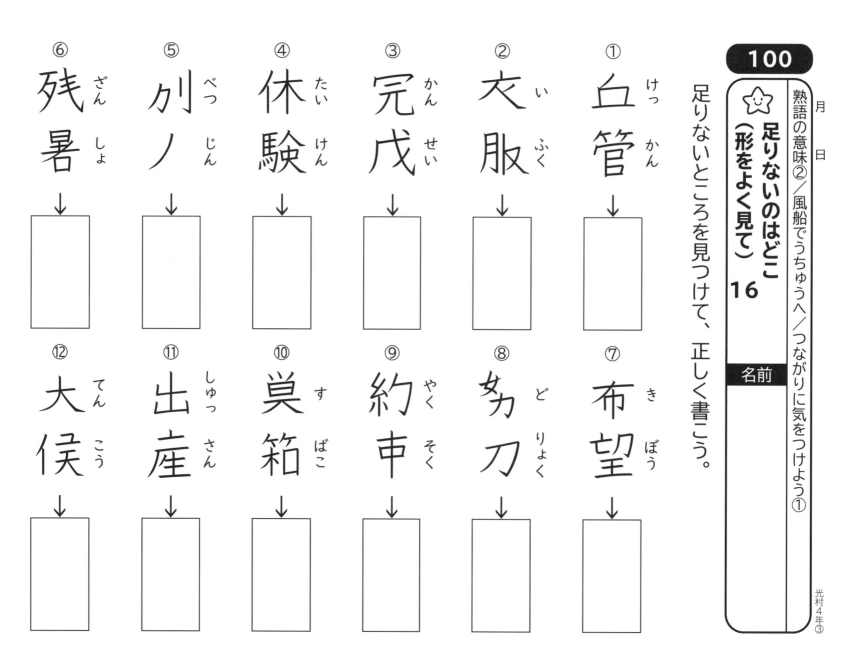

月　日

足りないのはどこ（形をよく見て）17

名前

足りないところを見つけて、正しく書こう。

① 考《こう》察《さつ》 ↓ □

② 特《とく》長《ちょう》 ↓ □

③ 前《ぜん》兆《ちょう》 ↓ □

④ 百《ひゃく》億《おく》 ↓ □

⑤ 鏡《きょう》台《だい》 ↓ □

⑥ 散《ち》らす ↓ □

⑦ 市《し》民《みん》 ↓ □

⑧ 感《かん》覚《かく》 ↓ □

⑨ 勇《ゆう》者《しゃ》 ↓ □

⑩ 笑《わら》い声《ごえ》 ↓ □

月　日

自分だけの詩集を作ろう／言葉からされん想を広げて／熟語の意味①

漢字を入れよう 23

名前

文を読んで、ぴったりの漢字を入れよう。

①ぼくときみとの、□通点をさがす。

②今週は、金、土、日と三□休です。

③やっとのことで、長年の□いがかなった。

④長年の□みが、ようやくかなった。

⑤うっかりして、大切なチャンスを□った。

⑥三角形の、三つの□の長さをはかる。

⑦ぼくは兄より、ずいぶんせが□い。

ヒント　低　共　願　望　連　失　辺

月　日

熟語の意味②

漢字を入れよう 24

名前

文を読んで、ぴったりの漢字を入れよう。

①全国大会の、おしくも決勝で□れる。

②バスで、乗ってきた□人に席をゆずる。

③海ぞくの船が、海の□にしずんだ。

④明日は、市長選挙の投□日です。

⑤船の上から、遠くの□地を見る。

⑥水道□がやぶれて、水びたしになる。

⑦秋になり、夏の□類をしまう。

ヒント　老　票　敗　衣　管　底　陸

光村4年④

月　日

風船でうちゅうへ

漢字を入れよう 25

名前

文を読んで、ぴったりの漢字を入れよう。

①動いていた電車が、□全に止まった。

②理科で、物の温まり方の実□をする。

③友だちと駅で、手をふって□れる。

④屋根の上に、昨日の雪が□っている。

⑤あの人は、みんなの□望の星だ。

⑥人の十倍□力して、成しとげる。

ヒント　験　残　希　別　完　努

月　日

つながりに気をつけよう①

漢字を入れよう 26

名前

文を読んで、ぴったりの漢字を入れよう。

①プレゼントに、バラの花□をおくる。

②小鳥が木のえだに、□を作っている。

③かわいい子犬が、三びき□まれた。

④この島は、一年を通しておだやかな気□です。

⑤アサガオの育ち方を、観□する。

⑥旅行に行くのに、□急電車に乗った。

⑦一億の一万倍は、一□です。

ヒント　察　巣　兆　候　束　産　特

漢字を入れよう 27

名前

文を読んで、ぴったりの漢字を入れよう。

①たからくじが当たって□万長者になる。

②天体望遠□で、星を見た。

③朝早く、犬を□歩に連れて行く。

④新しい市長が、住□の声を聞く。

⑤四年生は、漢字を二百文字あまり□える。

⑥強い相手と、□気を出して戦う。

⑦おかしくて、大きな口を開けて□う。

ヒント　民　鏡　覚　散　笑　勇　億

答え

（解答例）

1

月　日

白いぼうし①

かくれたパーツをさがせ　1

名前

かくれたパーツをさがして、かんせいさせよう。

① 信 シン — 赤信号《あかしんごう》で止《と》まる。

② 達 タツ — 速達《そくたつ》で送《おく》る。

③ 飛 と(ぶ) — 鳥《とり》が空《そら》を飛《と》ぶ。

④ 席 セキ — 客席《きゃくせき》を用意《ようい》する。

⑤ 建 た(てる) — 家《いえ》を建《た》てる。

⑥ 菜 サイ — 野菜《やさい》を食《た》べる。

光村4年①

2

月　日

白いぼうし②／図しょ館の達人になろう①

かくれたパーツをさがせ　2

名前

かくれたパーツをさがして、かんせいさせよう。

① 標 ヒョウ — 目標《もくひょう》を立《た》てる。

② 例 レイ — 例文《れいぶん》を書《か》く。

③ 法 ホウ — 方法《ほうほう》を考《かんが》える。

④ 類 ルイ — 言葉《ことば》を分類《ぶんるい》する。

⑤ 機 キ — 人《ひと》に会《あ》う機会《きかい》。

⑥ 械 カイ — 機械《きかい》で動《うご》く人形《にんぎょう》。

光村4年①

3

月　日

図しょ館の達人になろう②／漢字じてんを使おう①

かくれたパーツをさがせ　3

名前

かくれたパーツをさがして、かんせいさせよう。

① 司 シ — 学級会《がっきゅうかい》の司会《しかい》者。

② 典 テン — 百科《ひゃっか》事典《じてん》を見《み》る。

③ 順 ジュン — 順番《じゅんばん》を待《ま》つ。

④ 録 ロク — 番組《ばんぐみ》を録画《ろくが》する。

⑤ 辞 ジ — 辞書《じしょ》で調《しら》べる。

⑥ 成 な(る) — 漢字《かんじ》の成《な》り立《た》ち。

光村4年①

4

月　日

漢字辞典を使おう②

かくれたパーツをさがせ　4

名前

かくれたパーツをさがして、かんせいさせよう。

① 訓 クン — 消火《しょうか》訓練《くんれん》をする。

② 印 しるし — 赤《あか》い目印《めじるし》。

③ 静 しず(か) — 静《しず》かな夜《よる》の森《もり》。

④ 愛 アイ — 姉《あね》の愛読書《あいどくしょ》。

⑤ 昨 サク — 昨年《さくねん》の冬《ふゆ》のこと。

⑥ 城 しろ — お城《しろ》の見学《けんがく》。

光村4年①

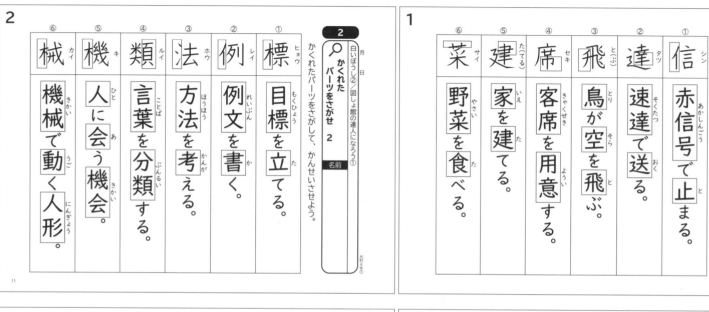

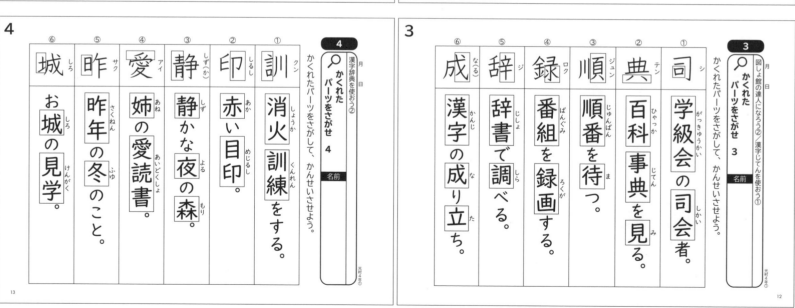

5

漢字辞典を使おう③／聞き取りメモのくふう

月　日

かくれたパーツをさがせ 5

名前

かくれたパーツをさがして、かんせいさせよう。

	漢字	文
①	初《はじ(め)》	初《はじ》めの一歩《いっぽ》。
②	景《ケイ》	港《みなと》の夜景《やけい》を見《み》る。
③	群《グン》	虫《むし》の大群《たいぐん》が来《く》る。
④	必《かなら(ず)》	今回《こんかい》は必《かなら》ず勝《か》つ。
⑤	要《ヨウ》	重要《じゅうよう》な問題《もんだい》。
⑥	的《テキ》	目的《もくてき》を考《かんが》える。

光村4年①

14

6

カンジーはかせのとどうふけんの旅1①

月　日

かくれたパーツをさがせ 6

名前

かくれたパーツをさがして、かんせいさせよう。

	漢字	文
①	府《フ》	四十七都道府県《とどうふけん》
②	茨《いばら》	茨城《いばらき》県の天気《てんき》。
③	栃《とち》	栃木《とちぎ》県の国道《こくどう》。
④	埼《さい》	埼玉《さいたま》県の病院《びょういん》。
⑤	奈《ナ》	神奈川《かながわ》県の大学《だいがく》。
⑥	潟《かた》	新潟《にいがた》県の学校《がっこう》。

光村4年①

15

7

カンジーはかせの都どう府県の旅1②

月　日

かくれたパーツをさがせ 7

名前

かくれたパーツをさがして、かんせいさせよう。

	漢字	文
①	富《と(む)》	へん化《か》に富《と》む。
②	井《い》	福井《ふくい》市の図書館《としょかん》。
③	梨《なし》	山梨《やまなし》県の道路《どうろ》。
④	量《リョウ・はか(る)》	食事《しょくじ》の量《りょう》を量《はか》る。
⑤	岐《[キ]》	岐阜《ぎふ》市の人口《じんこう》。
⑥	阜《フ》	岐阜《ぎふ》県の公園《こうえん》。

光村4年①

10

8

カンジーはかせの都道府県の旅1③～アップとルーズでつたえる①

月　日

かくれたパーツをさがせ 8

名前

かくれたパーツをさがして、かんせいさせよう。

	漢字	文
①	岡《おか》	岡山《おかやま》県の地図《ちず》。
②	伝《つた(わる)》	昔話《むかしばなし》が伝《つた》わる。
③	案《アン》	案内板《あんないばん》を見《み》る。
④	説《セツ》	泳《およ》ぎ方《かた》の説明《せつめい》。
⑤	試《シ》	試合《しあい》に出場《しゅつじょう》する。
⑥	選《セン・えら(ぶ)》	代表《だいひょう》選手《せんしゅ》を選《えら》ぶ。

光村4年①

11

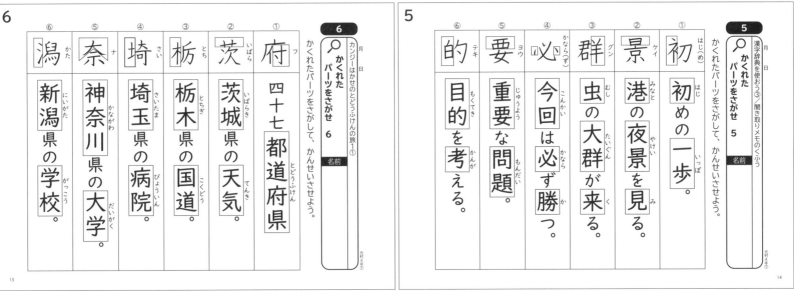

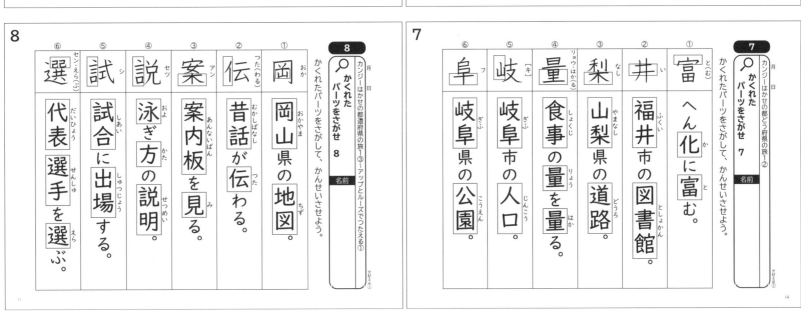

9

9　かくれたパーツをさがせ 9

月　日

思いやりのデザイン／アップとルーズで…②／お礼の気持ちを伝えよう①

名前

かくれたパーツをさがして、かんせいさせよう。

① 観（カン）　観客《かんきゃく》が集《あつ》まる。

② 旗（はた）　赤組《あかぐみ》の旗《はた》をふる。

③ 利（リ）　電車《でんしゃ》を利用《りよう》する。

④ 材（ザイ）　新聞《しんぶん》の取材《しゅざい》。

⑤ 関（カン）　自分《じぶん》との関係《かんけい》。

⑥ 以（イ）　八時以前《いぜん》に行《い》く。

光村4年①

10

10　かくれたパーツをさがせ 10

月　日

お礼の気持ちを伝えよう②／一つの花①

名前

かくれたパーツをさがして、かんせいさせよう。

① 季（キ）　夏季《かき》休業《きゅうぎょう》

② 節（セツ）　節分《せつぶん》に豆《まめ》をまく。

③ 郡（グン）　県の郡《ぐん》部と市《し》部。

④ 戦（セン）　作戦《さくせん》を考《かんが》える。

⑤ 争（あらそ(う)）　勝《か》ち負《ま》けを争《あらそ》う。

⑥ 給（キュウ）　今週《こんしゅう》の給食《きゅうしょく》当番。

光村4年①

11

11　かくれたパーツをさがせ 11

月　日

一つの花②

名前

かくれたパーツをさがして、かんせいさせよう。

① 飯（ハン）　夕飯《ゆうはん》を食《た》べる。

② 包（つつ(む)）　紙《かみ》に包《つつ》む。

③ 帯（おび）　黒《くろ》い着物《きもの》の帯《おび》。

④ 泣（な(く)）　大《おお》きな声《こえ》で泣《な》く。

⑤ 軍（グン）　白《しろ》い軍手《ぐんて》。

⑥ 兵（ヘイ）　水兵《すいへい》が船《ふね》に乗《の》る。

光村4年①

12

12　かくれたパーツをさがせ 12

月　日

一つの花③／つなぎ言葉のはたらきを知ろう①

名前

かくれたパーツをさがして、かんせいさせよう。

① 隊（タイ）　部隊《ぶたい》の隊長《たいちょう》。

② 輪（リン）　三輪車《さんりんしゃ》に乗《の》る。

③ 健（ケン）　健全《けんぜん》な肉体《にくたい》。

④ 康（コウ）　健康《けんこう》な生活《せいかつ》。

⑤ 夫（おっと）　夫《おっと》と外食《がいしょく》する。

⑥ 氏（シ）　氏名《しめい》を表《ひょう》に書《か》く。

光村4年①

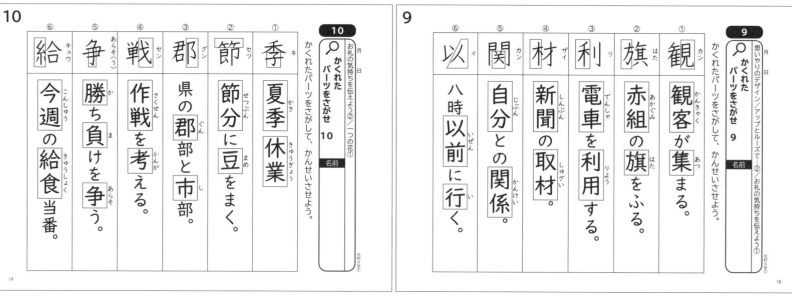

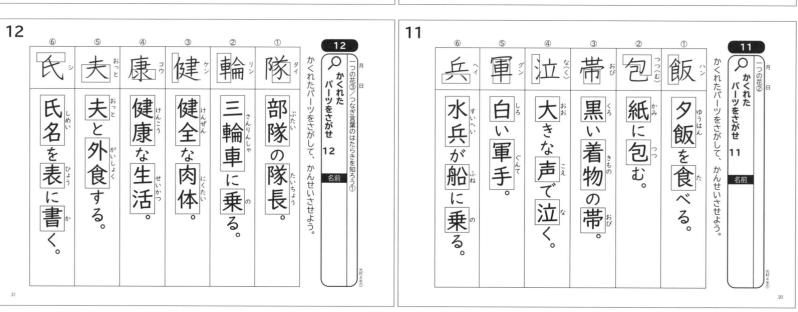

13

つなぎ言葉のはたらきを知ろう②

月　日

かくれたパーツをさがせ 13

名前

かくれたパーツをさがして、かんせいさせよう。

	①	②	③	④	⑤	⑥
漢字	祝《シュク》	貨《カ》	児《ジ》	器《キ》	官《カン》	良《よ(い)》
文	祝日《しゅくじつ》の朝《あさ》。	貨物《かもつ》列車《れっしゃ》が走《はし》る。	児童《じどう》が登校《とうこう》する。	食器《しょっき》を配《くば》る。	教官《きょうかん》に教《おそ》わる。	良《よ》い見本《みほん》。

光村4年①

14

つなぎ言葉のはたらきを知ろう③～新聞を作ろう①

月　日

かくれたパーツをさがせ 14

名前

かくれたパーツをさがして、かんせいさせよう。

	①	②	③	④	⑤	⑥
漢字	徒《ト》	競《キョウ》	芽《め》	梅《うめ》	約《ヤク》	付《フ》
文	駅《えき》から徒歩《とほ》十分。	自転車《じてんしゃ》で競走《きょうそう》。	球根《きゅうこん》が芽《め》を出《だ》す。	梅《うめ》の実《み》を集《あつ》める。	えい画《が》の予約《よやく》。	家《いえ》の付近《ふきん》の畑《はたけ》。

光村4年①

15

新聞を作ろう②／カンジーはかせの都道府県の旅2①

月　日

かくれたパーツをさがせ 15

名前

かくれたパーツをさがして、かんせいさせよう。

	①	②	③	④	⑤	⑥
漢字	清《きよ(い)》	滋［ジ］	阪［ハン］	徳《トク》	香《か》	媛［エン］
文	清《きよ》く正《ただ》しい人《ひと》。	滋賀《しが》県の湖《みずうみ》。	東京《とうきょう》と大阪《おおさか》。	道徳《どうとく》の時間《じかん》。	香川《かがわ》県の知事《ちじ》。	愛媛《えひめ》県の東部《とうぶ》。

光村4年①

16

カンジーはかせの都道府県の旅2②

月　日

かくれたパーツをさがせ 16

名前

かくれたパーツをさがして、かんせいさせよう。

	①	②	③	④	⑤	⑥
漢字	佐《サ》	賀《ガ》	崎《さき》	熊《くま》	鹿《か》	沖《おき》
文	佐賀《さが》県の文化《ぶんか》。	ゆう勝《しょう》の祝賀《しゅくが》会。	長崎《ながさき》県の北部《ほくぶ》。	熊本《くまもと》県の空港《くうこう》。	鹿児島《かごしま》県の気温《きおん》。	沖縄《おきなわ》県の南部《なんぶ》。

光村4年①

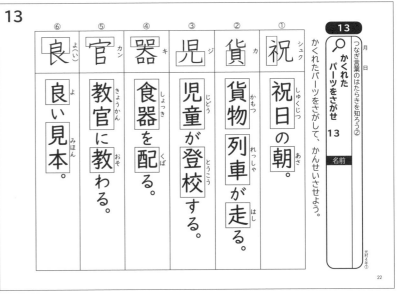

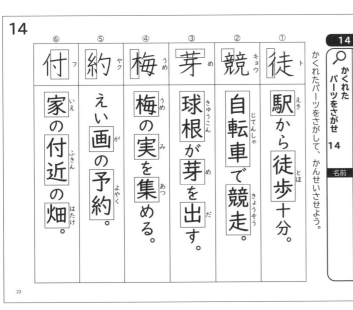

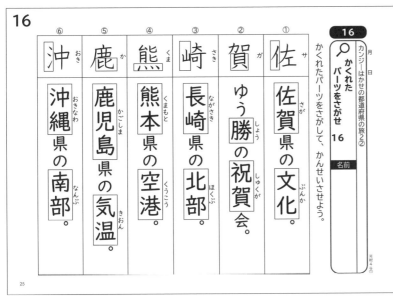

17

17

月　日

カンジーはかせの都道府県の旅2③／本のポップや帯を作ろう／神様の階段

光村4年①

かくれたパーツをさがせ 17

名前

かくれたパーツをさがして、かんせいさせよう。

① 縄《なわ》
沖縄《おきなわ》県の気温《きおん》。

② 熱《あつ(い)》
熱《あつ》いお湯《ゆ》。

③ 働《はたら(く)》
会社《かいしゃ》で働《はたら》く。

④ 栄《エイ》
ゆう勝《しょう》の栄光《えいこう》。

⑤ 養《ヨウ》
養分《ようぶん》を送《おく》る。

⑥ 満《マン》
真《ま》ん丸《まる》の満月《まんげつ》。

26

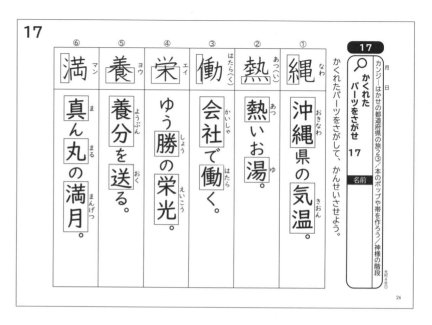

18

18 漢字足し算 1　白いぼうし　月　日　名前

漢字の足し算をしよう。

＊答えの漢字でことばを作ろう。

番号	足し算	答え	ことば
①	亻＋二＋言	信	自信
②	土＋羊＋辶	達	上達
③	飞＋｜＋ノ＋飞	飛	飛行
④	广＋廿＋巾	席	着席
⑤	ヨ＋キ＋廴	建	建国
⑥	艹＋爫＋木	菜	菜の花
⑦	木＋西＋示	標	目標
⑧	亻＋歹＋刂	例	例文

光村4年②　27

19

19 漢字足し算 2　図書館の達人になろう　月　日　名前

漢字の足し算をしよう。

＊答えの漢字でことばを作ろう。

番号	足し算	答え	ことば
①	氵＋土＋厶	法	方法
②	米＋大＋頁	類	人類
③	木＋幺＋幺＋戈	機	機会
④	木＋一＋廾＋戈	械	機械
⑤	𠃌＋一＋口	司	司会
⑥	曲＋一＋八	典	事典
⑦	川＋ㇶ＋貝	順	順調
⑧	金＋ヨ＋氺	録	記録

光村4年②　28

20

20 漢字足し算 3　漢字じ典を使おう①　月　日　名前

漢字の足し算をしよう。

＊答えの漢字でことばを作ろう。

番号	足し算	答え	ことば
①	舌＋立＋十	辞	辞書
②	厂＋フ＋戈	成	成長
③	言＋川	訓	訓練
④	𠂎＋卩	印	矢印
⑤	青＋⺈＋尹	静	安静
⑥	爫＋冖＋心＋夂	愛	愛読書
⑦	日＋𠂉＋ト	昨	昨夜
⑧	土＋𠂆＋戈	城	城下町

光村4年②

21

21 漢字足し算 4　漢字辞典を使おう②／聞き取りメモのくふう／カンジーはかせの…1①　月　日　名前

漢字の足し算をしよう。

＊答えの漢字でことばを作ろう。

番号	足し算	答え	ことば
①	衤＋刀	初	初雪
②	日＋亠＋口＋小	景	風景
③	尹＋口＋羊	群	大群
④	ソ＋乚＋丶丶	必	必死
⑤	西＋女	要	重要
⑥	白＋勹＋丶	的	目的
⑦	广＋亻＋寸	府	京都府
⑧	艹＋冫＋欠	茨	茨城

光村4年②

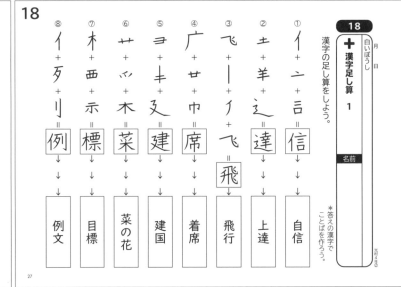

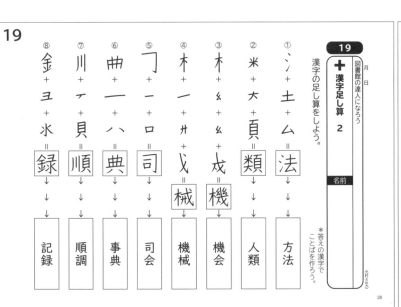

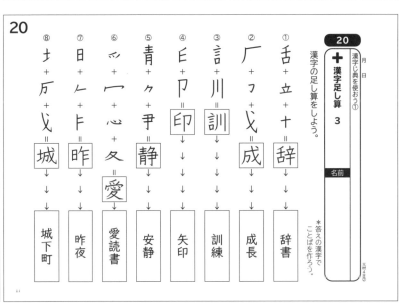

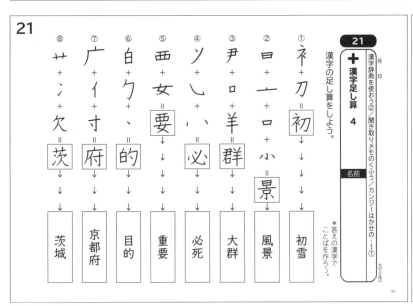

22

22 漢字足し算 5

カンジーはかせの都道府県の旅1②

月 日 名前

漢字の足し算をしよう。

① 木＋厂＋万＝栃 → 栃木
② 土＋大＋可＝埼 → 埼玉
③ 大＋示＝奈 → 神奈川
④ 氵＋臼＋勹＋灬＝潟 → 新潟
⑤ 宀＋一＋口＋田＝富 → 富じ山
⑥ 二＋川＝井 → 井戸
⑦ 禾＋刂＋木＝梨 → 梨の木
⑧ 日＋一＋里＝量 → 重量

＊答えの漢字でことばを作ろう。

光村4年②

23

23 漢字足し算 6

カンジーはかせの都道府県の旅1③～アップとルーズでつたえる①

月 日 名前

漢字の足し算をしよう。

① 山＋十＋又＝岐 → 岐阜
② ノ＋𠂤＋十＝阜 → 岐阜
③ 冂＋䒑＋山＝岡 → 静岡
④ 亻＋二＋ム＝伝 → 伝記
⑤ 宀＋女＋木＝案 → 名案
⑥ 言＋ソ＋兄＝説 → 説明
⑦ 言＋工＋弋＝試 → 試合
⑧ 己＋己＋共＋辶＝選 → 選手

＊答えの漢字でことばを作ろう。

光村4年②

24

24 漢字足し算 7

思いやりのデザイン／アップとルーズで…②／お礼の気持ちを伝えよう①

月 日 名前

漢字の足し算をしよう。

① 𠂉＋隹＋見＝観 → 観光
② 方＋𠂉＋甘＋八＝旗 → 国旗
③ 禾＋刂＝利 → 勝利
④ 木＋才＝材 → 材木
⑤ 門＋关＝関 → 関所
⑥ レ＋丶＋人＝以 → 以外
⑦ 一＋木＋子＝季 → 夏季
⑧ ⺮＋艮＋卩＝節 → 調節

＊答えの漢字でことばを作ろう。

光村4年②

25

25 漢字足し算 8

お礼の気持ちを伝えよう②／一つの花①

月 日 名前

漢字の足し算をしよう。

① 尹＋口＋阝＝郡 → 郡部
② ⺍＋甲＋戈＝戦 → 対戦
③ ク＋ヨ＋亅＝争 → 争点
④ 糸＋人＋一＋口＝給 → 給食
⑤ 食＋厂＋又＝飯 → 昼飯
⑥ 勹＋己＝包 → 包丁
⑦ 卅＋冖＋巾＝帯 → 地帯
⑧ 氵＋立＝泣 → 泣き声

＊答えの漢字でことばを作ろう。

光村4年②

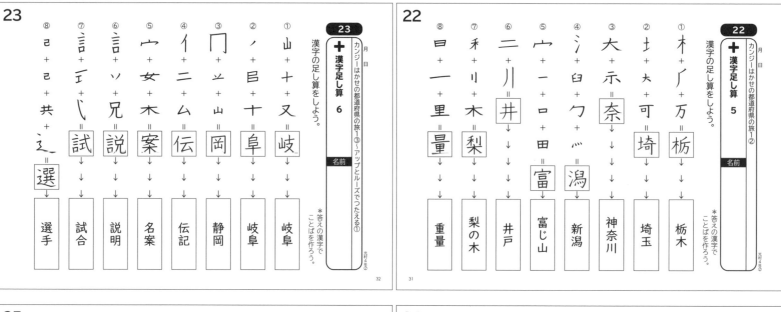

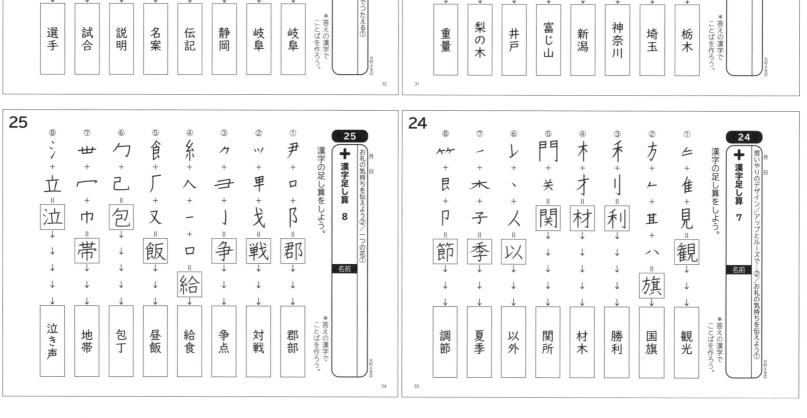

26

26 漢字足し算 9

一つの花②／つなぎ言葉のはたらきを知ろう①

月　日

名前

漢字の足し算をしよう。

＊答えの漢字でことばを作ろう。

① 冖 ＋ 車 ＝ 軍 → 軍歌
② 斤 ＋ 一 ＋ 八 ＝ 兵 → 兵庫
③ 阝 ＋ ソ ＋ 豕 ＝ 隊 → 隊長
④ 車 ＋ 人 ＋ 一 ＋ 冊 ＝ 輪 → 指輪
⑤ 亻 ＋ 聿 ＋ 廴 ＝ 健 → 健全
⑥ 广 ＋ ヨ ＋ 氺 ＝ 康 → 健康
⑦ 二 ＋ 人 ＝ 夫 → 夫人
⑧ 𠂆 ＋ 七 ＝ 氏 → 氏名

27

27 漢字足し算 10

つなぎ言葉のはたらきを知ろう②

月　日

名前

漢字の足し算をしよう。

＊答えの漢字でことばを作ろう。

① 礻 ＋ 口 ＋ 儿 ＝ 祝 → 祝日
② イ ＋ ヒ ＋ 貝 ＝ 貨 → 金貨
③ 丨 ＋ 日 ＋ 儿 ＝ 児 → 園児
④ 口口 ＋ 大 ＋ 口口 ＝ 器 → 食器
⑤ 宀 ＋ 𠂤 ＋ コ ＝ 官 → 教官
⑥ 丶 ＋ 艮 ＋ 乀 ＝ 良 → 良心
⑦ 彳 ＋ 土 ＋ 龰 ＝ 徒 → 生徒
⑧ 立 ＋ 兄 ＋ 立 ＋ 兄 ＝ 競 → 競泳

28

28 漢字足し算 11

短歌・俳句に親しもう（一）～カンジーはかせの都道府県の旅2①

月　日

名前

漢字の足し算をしよう。

＊答えの漢字でことばを作ろう。

① 艹 ＋ 牙 ＝ 芽 → 発芽
② 木 ＋ 𠂉 ＋ 母 ＝ 梅 → 梅酒
③ 糸 ＋ 勹 ＋ 丶 ＝ 約 → 予約
④ 亻 ＋ 寸 ＝ 付 → 付近
⑤ 氵 ＋ 龶 ＋ 月 ＝ 清 → 清書
⑥ 氵 ＋ 䒑 ＋ 幺 ＋ 幺 ＝ 滋 → 滋賀
⑦ 阝 ＋ 反 ＝ 阪 → 大阪
⑧ 彳 ＋ 十 ＋ 罒 ＋ 心 ＝ 徳 → 徳島

29

29 漢字足し算 12

カンジーはかせの都道府県の旅2②

月　日

名前

漢字の足し算をしよう。

＊答えの漢字でことばを作ろう。

① 一 ＋ 木 ＋ 日 ＝ 香 → 香川
② 女 ＋ 爫 ＋ 友 ＝ 媛 → 愛媛
③ 亻 ＋ 左 ＝ 佐 → 佐賀
④ カ ＋ 口 ＋ 貝 ＝ 賀 → 年賀
⑤ 山 ＋ 大 ＋ 可 ＝ 崎 → 宮崎
⑥ ム ＋ 月 ＋ 比 ＋ 灬 ＝ 熊 → 白熊
⑦ 广 ＋ 龷 ＋ ヒ ＋ 匕 ＝ 鹿 → 子鹿

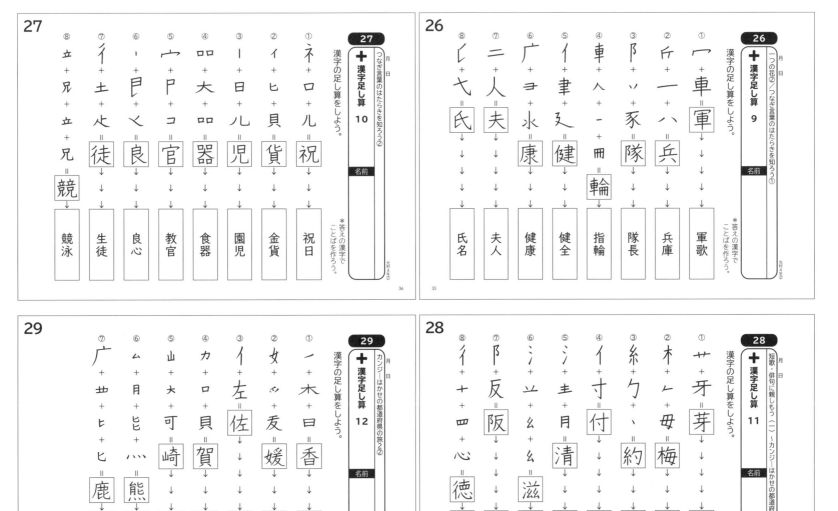

30

30

月　日

カンジーはかせの都道府県の旅2③／本のポップや帯を作ろう／神様の階段

光村4年②

✚ 漢字足し算 13

名前

漢字の足し算をしよう。

＊答えの漢字でことばを作ろう。

① 氵＋中＝沖 → 沖合い
② 糸＋日＋日＋し＝縄 → 縄とび
③ 𡗗＋土＋丸＋灬＝熱 → 熱湯
④ 亻＋重＋力＝働 → 働き者
⑤ ⺍＋冖＋木＝栄 → 栄光
⑥ 𦍌＋八＋良＝養 → 養分
⑦ 氵＋艹＋冂＋山＝満 → 満員

39

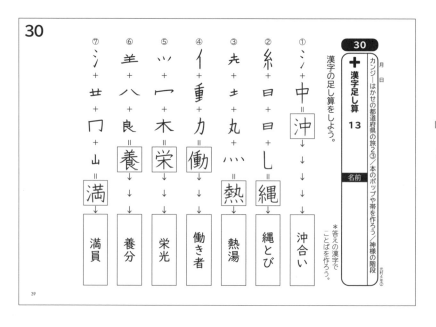

31

月　日

白いぼうし／図書館のたつじんになろう①

足りないのはどこ（形をよく見て）1

名前

足りないところを見つけて、正しく書こう。

① 自《じ》信《しん》→自信
② 上《じょう》達《たつ》→上達
③ 飛《ひ》行《こう》→飛行
④ 着《ちゃく》席《せき》→着席
⑤ 建《けん》国《こく》→建国
⑥ 菜《な》の花《はな》→菜の花
⑦ 目《もく》標《ひょう》→目標
⑧ 例《れい》文《ぶん》→例文
⑨ 方《ほう》法《ほう》→方法
⑩ 人《じん》類《るい》→人類
⑪ 機《き》械《かい》→機械
⑫ 司《し》会《かい》→司会

32

月　日

図しょ館の達人になろう②／漢字じてんを使おう①

足りないのはどこ（形をよく見て）2

名前

足りないところを見つけて、正しく書こう。

① 事《じ》典《てん》→事典
② 順《じゅん》調《ちょう》→順調
③ 記《き》録《ろく》→記録
④ 辞《じ》書《しょ》→辞書
⑤ 成《せい》長《ちょう》→成長
⑥ 訓《くん》練《れん》→訓練
⑦ 矢《や》印《じるし》→矢印
⑧ 安《あん》静《せい》→安静
⑨ 愛《あい》読《どく》書《しょ》→愛読書
⑩ 昨《さく》夜《や》→昨夜
⑪ 城《じょう》下《か》町《まち》→城下町
⑫ 初《はつ》雪《ゆき》→初雪

33

月　日

漢字辞典を使おう②／聞き取りメモのくふう／カンジーはかせの…1①

足りないのはどこ（形をよく見て）3

名前

足りないところを見つけて、正しく書こう。

① 風《ふう》景《けい》→風景
② 大《たい》群《ぐん》→大群
③ 必《ひっ》死《し》→必死
④ 重《じゅう》要《よう》→重要
⑤ 目《もく》的《てき》→目的
⑥ 京《きょう》都《と》府《ふ》→京都府
⑦ 茨《いばら》城《き》→茨城
⑧ 栃《とち》木《ぎ》→栃木
⑨ 埼《さい》玉《たま》→埼玉
⑩ 神《か》奈《な》川《がわ》→神奈川
⑪ 新《にい》潟《がた》→新潟
⑫ 富《ふ》じ山《さん》→富じ山

34

月　日

カンジーはかせの都道府県の旅1②～アップとルーズで伝える①

足りないのはどこ（形をよく見て）4

名前

足りないところを見つけて、正しく書こう。

① 井《い》戸《ど》→井戸
② 梨《なし》の木《き》→梨の木
③ 重《じゅう》量《りょう》→重量
④ 岐《ぎ》阜《ふ》→岐阜
⑤ 静《しず》岡《おか》→静岡
⑥ 伝《でん》記《き》→伝記
⑦ 名《めい》案《あん》→名案
⑧ 説《せつ》明《めい》→説明
⑨ 試《し》合《あい》→試合
⑩ 選《せん》手《しゅ》→選手
⑪ 観《かん》光《こう》→観光
⑫ 国《こっ》旗《き》→国旗

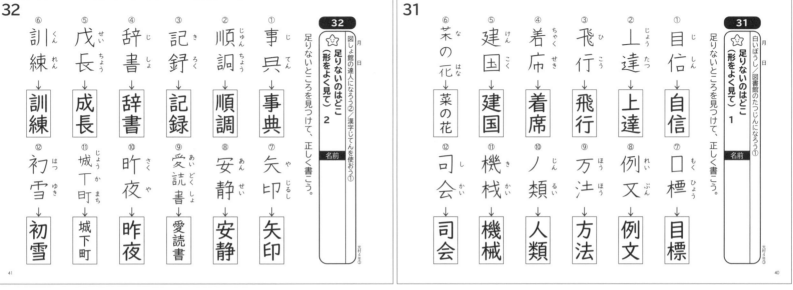

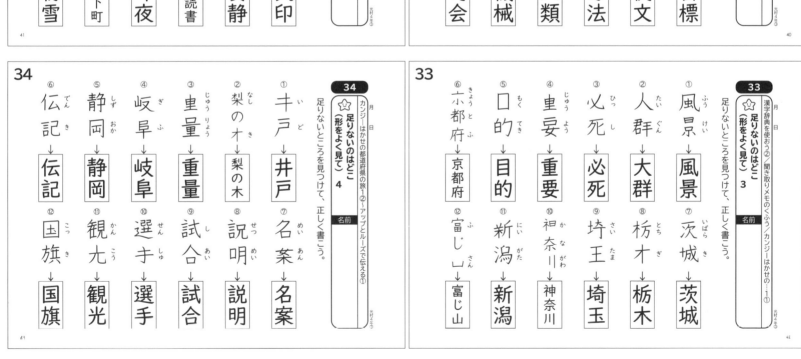

35

思いやりのデザイン／アップとルーズで伝える②〜一つの花①

月　日

足りないのはどこ（形をよく見て）5

名前

足りないところを見つけて、正しく書こう。

① 勝利《しょうり》→ 勝利
② 材木《ざいもく》→ 材木
③ 関所《せきしょ》→ 関所
④ 以外《いがい》→ 以外
⑤ 季節《きせつ》→ 季節
⑥ 郡部《ぐんぶ》→ 郡部
⑦ 戦争《せんそう》→ 戦争
⑧ 給食《きゅうしょく》→ 給食
⑨ 昼飯《ひるめし》→ 昼飯
⑩ 包帯《ほうたい》→ 包帯
⑪ 泣《な》き声《ごえ》→ 泣き声
⑫ 軍歌《ぐんか》→ 軍歌

光村4年③

36

一つの花②／つなぎ言葉のはたらきを知ろう①

月　日

足りないのはどこ（形をよく見て）6

名前

足りないところを見つけて、正しく書こう。

① 兵庫《ひょうご》→ 兵庫
② 隊長《たいちょう》→ 隊長
③ 指輪《ゆびわ》→ 指輪
④ 健全《けんぜん》→ 健全
⑤ 健康《けんこう》→ 健康
⑥ 夫人《ふじん》→ 夫人
⑦ 氏名《しめい》→ 氏名
⑧ 祝日《しゅくじつ》→ 祝日
⑨ 金貨《きんか》→ 金貨
⑩ 園児《えんじ》→ 園児
⑪ 食器《しょっき》→ 食器
⑫ 教官《きょうかん》→ 教官

光村4年③

37

つなぎ言葉のはたらきを知ろう②〜カンジーはかせの都道府県の旅2①

月　日

足りないのはどこ（形をよく見て）7

名前

足りないところを見つけて、正しく書こう。

① 良心《りょうしん》→ 良心
② 生徒《せいと》→ 生徒
③ 競泳《きょうえい》→ 競泳
④ 発芽《はつが》→ 発芽
⑤ 梅酒《うめしゅ》→ 梅酒
⑥ 予約《よやく》→ 予約
⑦ 付近《ふきん》→ 付近
⑧ 清書《せいしょ》→ 清書
⑨ 滋賀《しが》→ 滋賀
⑩ 大阪《おおさか》→ 大阪
⑪ 徳島《とくしま》→ 徳島
⑫ 香川《かがわ》→ 香川

光村4年③

38

カンジーはかせの都道府県の旅2②／本のポップや帯を作ろう／神様の階段

月　日

足りないのはどこ（形をよく見て）8

名前

足りないところを見つけて、正しく書こう。

① 愛媛《えひめ》→ 愛媛
② 佐賀《さが》→ 佐賀
③ 年賀《ねんが》→ 年賀
④ 宮崎《みやざき》→ 宮崎
⑤ 白熊《しろくま》→ 白熊
⑥ 子鹿《こじか》→ 子鹿
⑦ 沖縄《おきなわ》→ 沖縄
⑧ 熱湯《ねっとう》→ 熱湯
⑨ 働《はたら》き者《もの》→ 働き者
⑩ 栄光《えいこう》→ 栄光
⑪ 養分《ようぶん》→ 養分
⑫ 満員《まんいん》→ 満員

光村4年③

39

月　日

白いぼうし

漢字を入れよう 1

名前

文を読んで、ぴったりの漢字を入れよう。

① 赤**信**号から青にかわって、車が動き出す。
② 赤い車で、ゆうびんを配**達**する。
③ わたり鳥が、ならんで空を**飛**んでいる。
④ 教室の、自分の**席**にすわる。
⑤ 駅前に、新しいビルが**建**った。
⑥ 夕食のおかずに、野**菜**サラダを作った。
⑦ お正月に、今年の目**標**を立てた。
⑧ あなたを動物に**例**えると、何ですか。

ヒント　達　建　席　菜　標　例　信　飛

光村4年④

48

40

月　日

図書館の達人になろう

漢字を入れよう 2

名前

文を読んで、ぴったりの漢字を入れよう。

① 友だちと、一番うまくいく方**法**を考える。
② 図書室の本を分**類**して、たなにならべる。
③ 空の上で、**機**長のアナウンスがあった。
④ 工場で、大きな**械**が動いている。
⑤ 前に出て、学級会の**司**会をする。
⑥ この百科事**典**は、ぶあつくて重い。
⑦ 列にきちんとならんで、**順**番を待つ。
⑧ 見たい番組を**録**画しておく。

ヒント　械　法　司　順　類　録　典　機

光村4年④

49

41

月　日

漢字じ典を使おう①

漢字を入れよう 3

名前

文を読んで、ぴったりの漢字を入れよう。

① 知らない言葉を、**辞**書で調べる。
② 十才で、二分の一**成**人式をおいわいする。
③ 漢字には、音読みと**訓**読みがある。
④ 大きな木を、目**印**にして進む。
⑤ 「シーン」と**静**かで、音がしない。
⑥ 花や生き物を、**愛**する心を持つ。
⑦ この冬は、**昨**年より雪の日が多い。
⑧ この町は、古くからの**城**下町です。

ヒント　成　城　辞　昨　愛　印　静　訓

光村4年④

50

42

月　日

漢字辞典を使おう②／聞き取りメモのくふう／カンジーはかせの…1①

漢字を入れよう 4

名前

文を読んで、ぴったりの漢字を入れよう。

① 十二月の寒い日、**初**雪がふった。
② 山の上から、百万ドルの夜**景**をながめる。
③ 落とした角ざとうに、アリが**群**がっている。
④ 今日は負けたが、次は**必**ず勝つ。
⑤ この文章の**要**点を、二十字にまとめる。
⑥ はなった矢が、**的**の中心に命中した。
⑦ 日本には、四十七の都道**府**県がある。
⑧ **茨**城県は、「なっとう」が有名です。

ヒント　初　必　茨　府　景　群　的　要

光村4年④

51

43

43 漢字を入れよう 5
カンジーはかせの都道府県の旅1②
月 日
名前

文を読んで、ぴったりの漢字を入れよう。

① 栃木県は、いちご王国とよばれています。
② 東京都の北がわに、埼玉県がある。
③ 神奈川県の横はまは、港町です。
④ 新潟県では、おいしいお米がたくさんとれる。
⑤ 商売で成こうして、大きな富をえる。
⑥ 福井県の形は、ゾウの顔ににている。
⑦ リニア新かん線は、山梨県を通る。
⑧ 体重がふえたので、食事の量をへらす。

ヒント 井 量 梨 栃 潟 奈 埼 富

光村4年④

44

44 漢字を入れよう 6
カンジーはかせの都道府県の旅1③〜アップとルーズでつたえる①
月 日
名前

文を読んで、ぴったりの漢字を入れよう。

① 長野県や、となりの岐ふ県には海がない。
② ぎ阜県は、日本の真ん中にある県です。
③ ももたろうのお話は、岡山県で生まれた。
④ 自分の気持ちを、きちんと相手に伝える。
⑤ 校長先生が、お客さんを教室に案内する。
⑥ 先生が、図とグラフで説明する。
⑦ 野球の試合が、正午に開始される。
⑧ 大きくなったら、プロ野球の選手になる。

ヒント 阜 選 試 岐 説 伝 岡 案

光村4年④

45

45 漢字を入れよう 7
思いやりのデザイン／アップとルーズで…②／お礼の気持ちを伝えよう①
月 日
名前

文を読んで、ぴったりの漢字を入れよう。

① コンサートに、たくさんの観客が集まる。
② つな引きで、旗をふっておうえんする。
③ 空き箱を利用して、おもちゃを作る。
④ 新聞記者が、ニュースの取材をする。
⑤ そのことは、ぼくにはぜんぜん関係がない。
⑥ 大きな木の太さは、一メートル以上もある。
⑦ 一年には春夏秋冬の、四季がある。
⑧ 二月三日は節分で、豆まきをする。

ヒント 利 観 以 節 旗 関 季 材

光村4年④

46

46 漢字を入れよう 8
お礼の気持ちを伝えよう②／一つの花①
月 日
名前

文を読んで、ぴったりの漢字を入れよう。

① 手紙のあて先に、〇〇郡〇〇町と書く。
② ゲームに負けないように、作戦を立てる。
③ 運動会は、赤白で勝ち負けを争う。
④ この学校の給食は、とてもおいしい。
⑤ 母がエプロンをつけて、夕飯のしたくをする。
⑥ プレゼントの箱を、白い紙で包む。
⑦ お祭りの日、ゆかたを着て帯をむすぶ。
⑧ 赤ちゃんが、大きな声で泣いている。

ヒント 争 戦 泣 給 包 郡 帯 飯

光村4年④

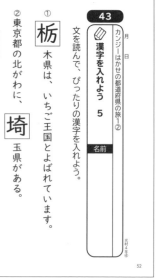

47

一つの花②／つなぎ言葉のはたらきを知ろう①

月　日

漢字を入れよう 9

名前

文を読んで、ぴったりの漢字を入れよう。

①おじいさんは軍人で、戦争に行った。
②百人の兵たいが、ならんで行進する。
③レスキュー隊に助けをもとめる。
④校庭で、友だちと、一輪車の練習をする。
⑤けがをしたので、ほ健室へ行った。
⑥病気をせずに、家族みんな、けん康です。
⑦日にやけた農夫が、畑をたがやす。
⑧持ち物には、必ず氏名を書いてください。

ヒント　健　夫　康　兵　輪　氏　隊　軍

光村4年④

56

48

つなぎ言葉のはたらきを知ろう②

月　日

漢字を入れよう 10

名前

文を読んで、ぴったりの漢字を入れよう。

①たん生日を、みんなでお祝いする。
②夜の駅を、貨物列車が通りすぎる。
③学校に、毎朝、児童が登校する。
④音楽会に使う楽器を、体育館に運ぶ。
⑤あの人は、みんなを守るけいさつ官です。
⑥なかの良い友だちと、公園で遊ぶ。
⑦家から学校まで、徒歩で十五分です。
⑧運動会の、かり物競走に出る。

ヒント　器　競　祝　児　徒　貨　官　良

光村4年⑤

57

49

短歌・俳句に親しもう（一）〜カンジーはかせの都道府県の旅2①

月　日

漢字を入れよう 11

名前

文を読んで、ぴったりの漢字を入れよう。

①チューリップの球根が、芽を出した。
②すっぱい梅ぼしを、口に入れる。
③駅前のホテルを、三人で予約する。
④ぬかるんだ地面に、足あとが付く。
⑤習字で、ていねいに清書をする。
⑥滋賀県には、日本一大きな湖がある。
⑦たこやきが有名なのは、大阪です。
⑧今日の三時間目は、道徳の時間です。

ヒント　約　阪　梅　清　滋　芽　付　徳

光村4年④

50

カンジーはかせの都道府県の旅2②

月　日

漢字を入れよう 12

名前

文を読んで、ぴったりの漢字を入れよう。

①香川県は、うどんが有名な四国の県です。
②愛媛県は、四国にある県です。
③佐が県で、ねつ気球の大会が開かれた。
④来年のえとを入れて、年賀じょうを作った。
⑤長崎で、カステラのおみやげを買った。
⑥熊本は、くまモンのキャラクターが有名です。
⑦鹿児島県は、九州の南部にある。

ヒント　崎　香　賀　熊　佐　媛　鹿

51

月　日

カンジーはかせの都道府県の旅2③／本のポップや帯を作ろう／神様の階段

光村4年④

漢字を入れよう 13

名前

文を読んで、ぴったりの漢字を入れよう。

①日本の一番西にある県は、沖なわ県です。

②おき縄県の海は、サンゴがきれいだ。

③インフルエンザにかかって、高い熱が出る。

④お父さんは、毎日、会社で働いている。

⑤この町は昔、宿場町で栄えていた。

⑥根から、土の中の養分をとる。

⑦今夜の月は、真ん丸の満月だ。

ヒント　沖　熱　養　満　栄　縄　働

2学期の答え

52～55

52

あなたなら、どう言う／パンフレットを読もう／どう直したらいいかな

月　日

52 **かくれたパーツをさがせ 18**

名前

かくれたパーツをさがして、かんせいさせよう。

① 令　レイ
王様《おうさま》の命令《めいれい》。

② 位　イ
全国《ぜんこく》一位《い》になる。

③ 置　お(く)
家《いえ》に薬《くすり》を置《お》く。

④ 漁　リョウ
船《ふね》が漁《りょう》に出《で》る。

⑤ 浴　あ(びる)
日光《にっこう》を浴《あ》びる。

光村4年①

62

53

いろいろな意味をもつ言葉①

月　日

53 **かくれたパーツをさがせ 19**

名前

かくれたパーツをさがして、かんせいさせよう。

① 欠　ケツ
出欠《しゅっけつ》を調《しら》べる。

② 卒　ソツ
小学校《しょうがっこう》を卒業《そつぎょう》。

③ 単　タン
単語《たんご》を書《か》く。

④ 結　ケツ
二《ふた》つが結合《けつごう》する。

⑤ 果　カ
果実《かじつ》を食《た》べる。

光村4年①

63

54

いろいろな意味をもつ言葉②

月　日

54 **かくれたパーツをさがせ 20**

名前

かくれたパーツをさがして、かんせいさせよう。

① 径　ケイ
円《えん》の直径《ちょっけい》。

② 副　フク
副代表《ふくだいひょう》になる。

③ 臣　ジン
大臣《だいじん》の仕事《しごと》。

④ 街　ガイ
駅前《えきまえ》の商店街《しょうてんがい》。

⑤ 灯　トウ
電灯《でんとう》が暗《くら》い。

光村4年①

61

55

ローマ字を使いこなそう

月　日

55 **かくれたパーツをさがせ 21**

名前

かくれたパーツをさがして、かんせいさせよう。

① 英　エイ
英語《えいご》を話《はな》す人《ひと》。

② 参　まい(る)
お宮参《みやまい》りに行《い》く。

③ 唱　とな(える)
平和《へいわ》を唱《とな》える。

④ 塩　エン
海水《かいすい》の塩分《えんぶん》。

⑤ 治　なお(る)
病気《びょうき》が治《なお》る。

⑥ 刷　す(る)
はん画《が》を刷《す》る。

光村4年①

65

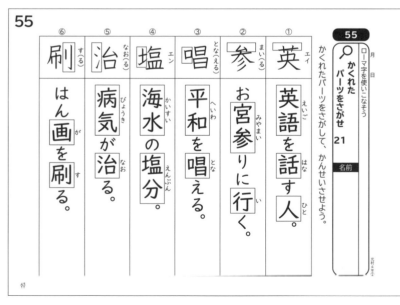

56

ごんぎつね① 月 日

かくれたパーツをさがせ 22 名前

かくれたパーツをさがして、かんせいさせよう。

① 変《か(わる)》 — 空《そら》の色《いろ》が変《か》わる。

② 末《マツ》 — 年末《ねんまつ》の大《おお》そうじ。

③ 種《たね》 — 大根《だいこん》の種《たね》をまく。

④ 続《つづ(く)》 — 雨《あめ》がふり続《つづ》く。

⑤ 折《お(る)》 — 指折《ゆびお》り数《かぞ》える。

⑥ 積《セキ》 — 面積《めんせき》を計算《けいさん》する。

光村4年①

57

ごんぎつね② 月 日

かくれたパーツをさがせ 23 名前

かくれたパーツをさがして、かんせいさせよう。

① 松《まつ》 — 松林《まつばやし》を歩《ある》く。

② 不《フ》 — 不安《ふあん》に思《おも》う。

③ 議《ギ》 — 議題《ぎだい》を決《き》める。

④ 差《さ(す)》 — 山《やま》の方《ほう》を指差《ゆびさ》す。

⑤ 念《ネン》 — 記念品《きねんひん》をもらう。

⑥ 固《かた(める)》 — 雪《ゆき》を固《かた》める。

58

ごんぎつね③／漢字を正しく使おう① 月 日

かくれたパーツをさがせ 24 名前

かくれたパーツをさがして、かんせいさせよう。

① 便《ビン》 — ゆう便《びん》で送《おく》る。

② 博《ハク》 — 博物館《はくぶつかん》に行《い》く。

③ 浅《あさ(い)》 — 深《ふか》い池《いけ》と浅《あさ》い池《いけ》。

④ 倉《ソウ》 — 体育《たいいく》倉庫《そうこ》に運《はこ》ぶ。

⑤ 札《ふだ》 — 名札《なふだ》の名前《なまえ》。

光村4年①

59

漢字を正しく使おう② 月 日

かくれたパーツをさがせ 25 名前

かくれたパーツをさがして、かんせいさせよう。

① 孫《まご》 — 孫《まご》の手《て》を引《ひ》く。

② 功《コウ》 — 打《う》ち上《あ》げ成功《せいこう》。

③ 加《くわ(える)》 — 水《みず》を少《すこ》し加《くわ》える。

④ 牧《ボク》 — 牧場《ぼくじょう》の牛《うし》や馬《うま》。

⑤ 借《か(りる)》 — 本《ほん》を借《か》りる。

光村4年①

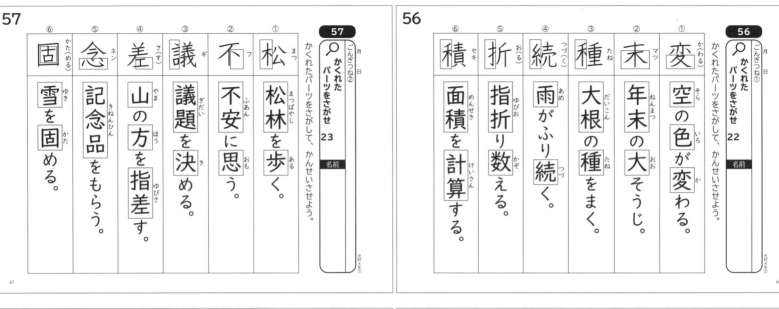

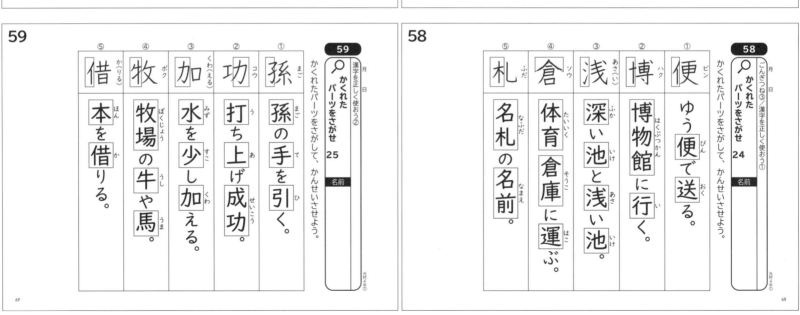

60

クラスみんなで決めるには／み来につなぐ工げい品①

月　日

かくれたパーツをさがせ 26

名前

かくれたパーツをさがして、かんせいさせよう。

① 挙　キョ
一挙《いっきょ》に仕上《しあ》げる。

② 協　キョウ
二人《ふたり》で協力《きょうりょく》する。

③ 極　キョク
南極《なんきょく》は寒《さむ》い。

④ 求　もと(める)
追《お》い求《もと》める。

⑤ 未　ミ
未来《みらい》を予想《よそう》する。

⑥ 芸　ゲイ
手芸《しゅげい》を始《はじ》める。

光村4年①

70

61

未来につなぐ工芸品②／慣用句①

月　日

かくれたパーツをさがせ 27

名前

かくれたパーツをさがして、かんせいさせよう。

① 各　カク
各地《かくち》の天気《てんき》。

② 料　リョウ
料理《りょうり》の調味料《ちょうみりょう》。

③ 然　ゼン
自然《しぜん》を守《まも》る。

④ 仲　なか
仲間《なかま》と活動《かつどう》する。

⑤ 労　ロウ
苦労《くろう》を重《かさ》ねる。

⑥ 焼　や(く)
世話《せわ》を焼《や》く。

光村4年①

71

62

慣用句②／短歌・俳句に親しもう（二）／友情のかべ新聞①

月　日

かくれたパーツをさがせ 28

名前

かくれたパーツをさがして、かんせいさせよう。

① 冷　レイ
冷気《れいき》を感《かん》じる。

② 照　ショウ
照明《しょうめい》を落《お》とす。

③ 好　す(く)
好《す》きな食《た》べ物《もの》。

④ 最　もっと(も)
最《もっと》も気温《きおん》が高《たか》い。

⑤ 省　セイ
深《ふか》く反省《はんせい》する。

⑥ 課　カ
課題《かだい》を出《だ》す。

光村4年①

72

63

友情のかべ新聞②／もしものときにそなえよう

月　日

かくれたパーツをさがせ 29

名前

かくれたパーツをさがして、かんせいさせよう。

① 無　ム
無人島《むじんとう》に行《い》く。

② 側　がわ
道《みち》の右側《みぎがわ》を歩《ある》く。

③ 改　あらた(める)
心《こころ》を改《あらた》める。

④ 周　まわ(り)
運動場《うんどうじょう》の周《まわ》り。

⑤ 害　ガイ
有害物《ゆうがいぶつ》が出《で》る。

光村4年①

73

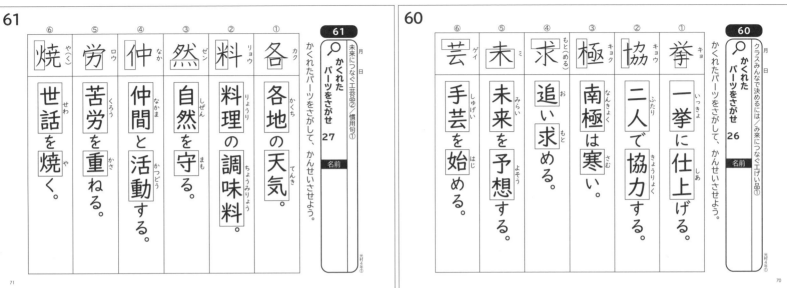

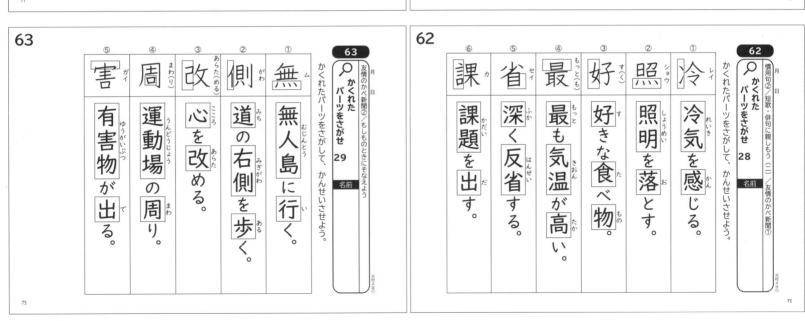

64

64 漢字足し算 14
あなたなら、どう言う〜いろいろな意味をもつ言葉①

月 日 名前

漢字の足し算をしよう。
＊答えの漢字でことばを作ろう。

① 人＋丶＋マ＝令 → 命令
② 亻＋立＝位 → 順位
③ 罒＋十＋目＋乚＝置 → 物置
④ 氵＋ク＋田＋灬＝漁 → 漁業
⑤ 氵＋八＋人＋口＝浴 → 海水浴
⑥ ケ＋人＝欠 → 出欠
⑦ 亠＋人＋人＋十＝卒 → 卒園
⑧ ⺍＋日＋十＝単 → 単語

光村4年②

74

65

65 漢字足し算 15
いろいろな意味をもつ言葉②

月 日 名前

漢字の足し算をしよう。
＊答えの漢字でことばを作ろう。

① 糸＋士＋口＝結 → 結合
② 日＋木＝果 → 成果
③ 彳＋又＋土＝径 → 半径
④ 一＋口＋田＋刂＝副 → 副会長
⑤ 丨＋一＋彐＋一＝臣 → 大臣
⑥ 彳＋土＋土＋亍＝街 → 街かど
⑦ 火＋丁＝灯 → 電灯

光村4年②

75

66

66 漢字足し算 16
ローマ字を使いこなそう

月 日 名前

漢字の足し算をしよう。
＊答えの漢字でことばを作ろう。

① 艹＋口＋人＝英 → 英会話
② ム＋大＋彡＝参 → 持参
③ 口＋日＋日＝唱 → 合唱
④ 土＋𠂉＋口＋皿＝塩 → 塩分
⑤ 氵＋ム＋口＝治 → 治安
⑥ 尸＋巾＋刂＝刷 → 刷る

光村4年②

76

67

67 漢字足し算 17
ごんぎつね①

月 日 名前

漢字の足し算をしよう。
＊答えの漢字でことばを作ろう。

① 亠＋小＋夂＝変 → 変身
② 一＋木＝末（別解 未） → 週末
③ 禾＋二＋日＋土＝種 → 品種
④ 糸＋士＋冖＋儿＝続 → 持続
⑤ 扌＋斤＝折 → 折り紙
⑥ 禾＋主＋貝＝積 → 面積
⑦ 木＋八＋ム＝松 → 松林
⑧ 一＋亻＋丶＝不 → 不用心

光村4年②

77

68

ごんぎつね②
月　日
漢字足し算 18
名前

漢字の足し算をしよう。

① 言＋⺷＋我＝議 → 会議
② ⺍＋王＋ノ＋エ＝差 → 時差
③ 人＋ラ＋心＝念 → 記念
④ 冂＋古＋一＝固 → 固定
⑤ イ＋亘＋乂＝便 → 便所
⑥ 十＋甫＋寸＝博 → 博物館
⑦ 氵＋三＋戈＝浅 → 遠浅

＊答えの漢字でことばを作ろう。

光村4年②

69

漢字を正しく使おう
月　日
漢字足し算 19
名前

漢字の足し算をしよう。

① 人＋一＋戸＋口＝倉 → 米倉
② 木＋L＝札 → 新札
③ 子＋ノ＋糸＝孫 → 子孫
④ エ＋力＝功 → 成功
⑤ 力＋口＝加 → 追加
⑥ 牛＋攵＝牧 → 牧場
⑦ イ＋廿＋日＝借 → 借金

＊答えの漢字でことばを作ろう。

光村4年②

70

クラスみんなで決めるには／み来につなぐ工げい品①
月　日
漢字足し算 20
名前

漢字の足し算をしよう。

① ⺍＋一＋八＋手＝挙 → 挙手
② 十＋力＋力＋力＝協 → 協調
③ 木＋了＋叹＋一＝極 → 北極
④ 一＋水＋丶＝求 → 追求
⑤ 一＋木＝未（別解 末） → 未来
⑥ 艹＋二＋ム＝芸 → 芸人
⑦ 夂＋口＝各 → 各自
⑧ 米＋⺀＋十＝料 → 食料

＊答えの漢字でことばを作ろう。

光村4年②

71

未来につなぐ工芸品②〜友情のかべ新聞①
月　日
漢字足し算 21
名前

漢字の足し算をしよう。

① 夕＋犬＋灬＝然 → 当然
② イ＋口＋丨＝仲 → 仲間
③ ⺍＋冖＋力＝労 → 苦労
④ 火＋十＋廿＋儿＝焼 → 夕焼け
⑤ 冫＋人＋丶＋マ＝冷 → 冷気
⑥ 日＋刀＋口＋灬＝照 → 照明
⑦ 女＋子＝好 → 好物
⑧ 曰＋耳＋又＝最 → 最近

＊答えの漢字でことばを作ろう。

光村4年②

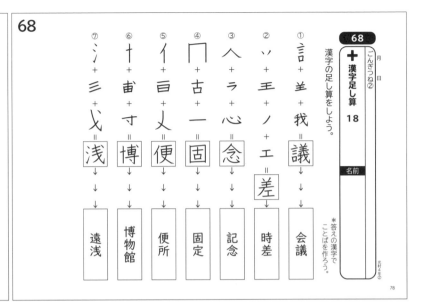

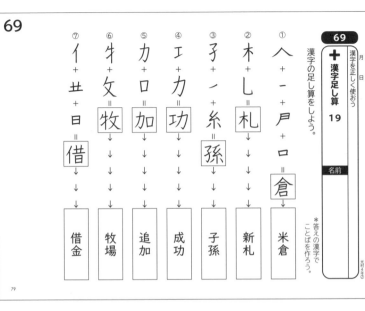

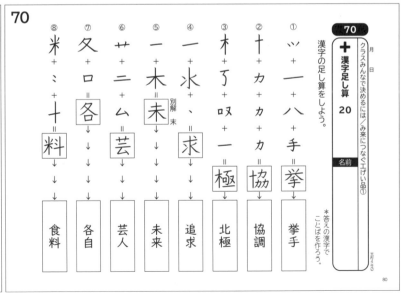

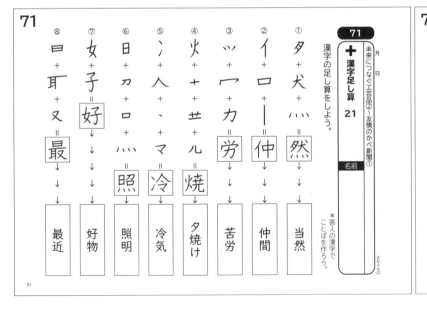

72

72

月　日

友情のかべ新聞②／もしものときにそなえよう

漢字足し算 22

名前

漢字の足し算をしよう。

① 小＋ノ＋目＝省 → 反省

② 言＋日＋木＝課 → 課題

③ 𠂉＋卌＋一＋灬＝無 → 無事

④ 亻＋貝＋刂＝側 → 側面

⑤ 己＋攵＝改 → 改正

⑥ 冂＋土＋口＝周 → 周期

⑦ 宀＋丰＋口＝害 → 害虫

＊答えの漢字でことばを作ろう。

光村4年②

82

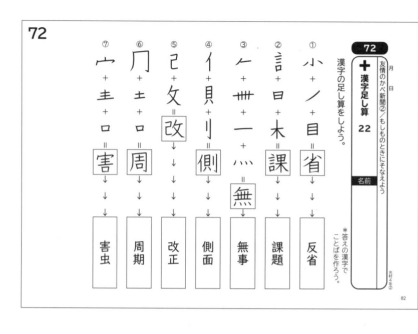

73

月　日

あなたなら、どう言う～いろいろな意味をもつ言葉①

73 足りないのはどこ（形をよく見て）9

名前

足りないところを見つけて、正しく書こう。

① 命《めい》令《れい》 → 命令
② 順《じゅん》位《い》 → 順位
③ 物《もの》置《おき》 → 物置
④ 漁《ぎょ》業《ぎょう》 → 漁業
⑤ 海《かい》水《すい》浴《よく》 → 海水浴
⑥ 出《しゅっ》欠《けつ》 → 出欠
⑦ 卒《そつ》園《えん》 → 卒園
⑧ 単《たん》語《ご》 → 単語
⑨ 結《けつ》合《ごう》 → 結合
⑩ 成《せい》果《か》 → 成果
⑪ 半《はん》径《けい》 → 半径
⑫ 副《ふく》会《かい》長《ちょう》 → 副会長

光村4年③ 83

74

月　日

いろいろな意味をもつ言葉②／ローマ字を使いこなそう

74 足りないのはどこ（形をよく見て）10

名前

足りないところを見つけて、正しく書こう。

① 大《だい》臣《じん》 → 大臣
② 街《まち》かど → 街かど
③ 電《でん》灯《とう》 → 電灯
④ 英《えい》会《かい》話《わ》 → 英会話
⑤ 持《じ》参《さん》 → 持参
⑥ 合《がっ》唱《しょう》 → 合唱
⑦ 塩《えん》分《ぶん》 → 塩分
⑧ 治《ち》安《あん》 → 治安
⑨ 刷《す》る → 刷る

光村4年③ 84

75

月　日

ごんぎつね①

75 足りないのはどこ（形をよく見て）11

名前

足りないところを見つけて、正しく書こう。

① 変《へん》身《しん》 → 変身
② 週《しゅう》末《まつ》 → 週末
③ 品《ひん》種《しゅ》 → 品種
④ 持《じ》続《ぞく》 → 持続
⑤ 折《お》り紙《がみ》 → 折り紙
⑥ 面《めん》積《せき》 → 面積
⑦ 松《まつ》林《ばやし》 → 松林
⑧ 不《ぶ》用《よう》心《じん》 → 不用心
⑨ 会《かい》議《ぎ》 → 会議
⑩ 時《じ》差《さ》 → 時差
⑪ 記《き》念《ねん》 → 記念
⑫ 固《こ》定《てい》 → 固定

光村4年③

76

月　日

ごんぎつね②／漢字を正しく使おう／クラスみんなで決めるには①

76 足りないのはどこ（形をよく見て）12

名前

足りないところを見つけて、正しく書こう。

① 便《べん》所《じょ》 → 便所
② 博《はく》物《ぶつ》館《かん》 → 博物館
③ 遠《とお》浅《あさ》 → 遠浅
④ 米《こめ》倉《ぐら》 → 米倉
⑤ 新《しん》札《さつ》 → 新札
⑥ 子《し》孫《そん》 → 子孫
⑦ 成《せい》功《こう》 → 成功
⑧ 追《つい》加《か》 → 追加
⑨ 牧《ぼく》場《じょう》 → 牧場
⑩ 借《しゃっ》金《きん》 → 借金
⑪ 挙《きょ》手《しゅ》 → 挙手
⑫ 協《きょう》調《ちょう》 → 協調

光村4年③

77

77 月 日 クラスみんなで決めるには②／みらいにつなぐ工げい品／慣用句

足りないのはどこ（形をよく見て）13

名前

光村4年③

足りないところを見つけて、正しく書こう。

① 北《ほっ》極《きょく》 → 北極

② 追《つい》求《きゅう》 → 追求

③ 未《み》来《らい》 → 未来

④ 芸《げい》人《にん》 → 芸人

⑤ 各《かく》自《じ》 → 各自

⑥ 食《しょく》料《りょう》 → 食料

⑦ 当《とう》然《ぜん》 → 当然

⑧ 仲《なか》間《ま》 → 仲間

⑨ 苦《く》労《ろう》 → 苦労

⑩ 夕焼《ゆうや》け → 夕焼け

⑪ 冷《れい》気《き》 → 冷気

87

78

78 月 日 短歌・俳句に親しもう（二）／友情のかべ新聞／もしものときにそなえよう

足りないのはどこ（形をよく見て）14

名前

光村4年③

足りないところを見つけて、正しく書こう。

① 照《しょう》明《めい》 → 照明

② 好《こう》物《ぶつ》 → 好物

③ 最《さい》近《きん》 → 最近

④ 反《はん》省《せい》 → 反省

⑤ 課《か》題《だい》 → 課題

⑥ 無《ぶ》事《じ》 → 無事

⑦ 側《そく》面《めん》 → 側面

⑧ 改《かい》正《せい》 → 改正

⑨ 周《しゅう》期《き》 → 周期

⑩ 害《がい》虫《ちゅう》 → 害虫

88

79

79 漢字を入れよう 14

あなたなら、どう言う~いろいろな意味をもつ言葉①

月　日　名前

文を読んで、ぴったりの漢字を入れよう。

① 遠足で、先生が集合の号**令**をかける。

② マラソンでがんばって、一**位**になる。

③ 雨が上がって、電車にかさを**置**きわすれる。

④ 魚をとるために、船で**漁**に出る。

⑤ 夏休みに、家族で海水**浴**に行った。

⑥ 体のために、毎日**欠**かさず運動をする。

⑦ 六年生が**卒**業して、中学校に行く。

⑧ 姉が、カードに**単**語を書いている。

ヒント　卒　漁　置　令　位　浴　欠　単

光村4年④

80

80 漢字を入れよう 15

いろいろな意味をもつ言葉②

月　日　名前

文を読んで、ぴったりの漢字を入れよう。

① ほどけた、くつのひもを**結**び直す。

② 木に、おいしそうな**果**実がなっている。

③ この円の直**径**は、何センチですか。

④ 放送委員の、委員長と**副**委員長を決める。

⑤ 国会で、日本のそう理大**臣**を決める。

⑥ 町の商店**街**で、買い物をする。

⑦ 夜の海に、**灯**台の明かりが見える。

ヒント　街　果　径　臣　灯　副　結

光村4年④

81

81 漢字を入れよう 16

ローマ字を使いこなそう

月　日　名前

文を読んで、ぴったりの漢字を入れよう。

① アメリカやイギリスの人は、**英**語を話す。

② 夏休みに、おじいさんのおはか**参**りに行く。

③ 合**唱**コンクールで歌う曲を決める。

④ 海の水は、とても**塩**からい。

⑤ 薬を飲んで、ようやく病気が**治**った。

⑥ プリンターで、地図をカラー印**刷**する。

ヒント　塩　英　治　参　刷　唱

光村4年⑤

82

82 漢字を入れよう 17

ごんぎつね①

月　日　名前

文を読んで、ぴったりの漢字を入れよう。

① 秋になると、緑色の葉が黄色に**変**わる。

② 年**末**に、自分の部屋の大そうじをする。

③ 植木ばちに、アサガオの**種**をまいた。

④ 六月は、雨が何日もふり**続**いた。

⑤ 強風で、木のえだが**折**れた。

⑥ 大雪で、屋根に雪が一メートル**積**もる。

⑦ 森の中で、**松**ぼっくりを拾う。

⑧ うまくいくかどうか、**不**安でねむれない。

ヒント　末　折　不　松　変　積　続　種

光村4年⑤

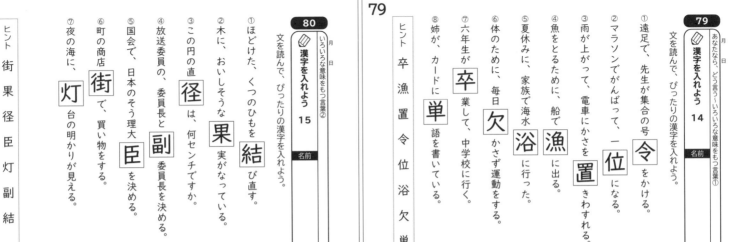

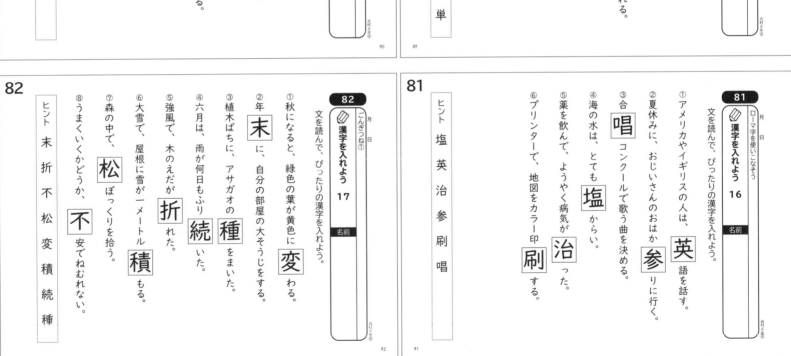

83

ごんぎつね②
月　日
漢字を入れよう 18
名前

文を読んで、ぴったりの漢字を入れよう。

①みんなで、学級会の議題を相談する。
②夜が明けて、部屋に朝日が差しこんだ。
③ゆう勝した記念に、メダルをもらった。
④工作で使うのりが、固まってしまった。
⑤これは、とても便利な道具です。
⑥きょうりゅうの博物館を、見学した。
⑦この海岸は、遠浅で安全だ。

ヒント　博　浅　議　便　差　念　固

光村4年④

84

漢字を正しく使おう
月　日
漢字を入れよう 19
名前

文を読んで、ぴったりの漢字を入れよう。

①いらない荷物を、倉庫に入れておく。
②学校では、左むねに名札をつけている。
③おじいさんが、小さな孫の手を引いて歩く。
④日本が、ロケットの打ち上げに成功する。
⑤なべの中に、もう少し水を加える。
⑥高原の牧場に、牛や馬がいる。
⑦図書館で、本を二さつ借りました。

ヒント　功　倉　孫　牧　加　札　借

光村4年④

85

クラスみんなで決めるには／み来につなぐ工げい品①
月　日
漢字を入れよう 20
名前

文を読んで、ぴったりの漢字を入れよう。

①しつ問がある人は、手を挙げてください。
②なかの良い友だちと協力して、作品を作る。
③動物園で、北極熊の親子を見た。
④海でおぼれそうになり、助けを求める。
⑤十年後の未来の自分へ、手紙を書く。
⑥テレビに、おわらい芸人が出ている。
⑦テレビで、日本各地の天気を見る。
⑧日曜日は、お父さんが料理をする。

ヒント　極　料　挙　未　求　芸　協　各

光村4年④

86

未来につなぐ工芸品②～友情のかべ新聞①
月　日
漢字を入れよう 21
名前

文を読んで、ぴったりの漢字を入れよう。

①山や海の、自然を守る活動をする。
②けんかをした友だちと、仲直りをする。
③わがままで、家族に苦労をかける。
④西の空が、夕焼けで赤くなる。
⑤今日はくもりで、プールの水が冷たい。
⑥今日は、朝から日が照って、とても暑い。
⑦姉もわたしも、ケーキが大好きです。
⑧富じ山は、日本で最も高い山です。

ヒント　好　焼　最　然　冷　照　仲　労

光村4年④

87

87

友情のかべ新聞②／もしものときにそなえよう

月　日

漢字を入れよう 22

名前

文を読んで、ぴったりの漢字を入れよう。

①自分の悪かったところを、反**省**する。

②あの人は、縄とびを毎日の日**課**にしている。

③ゲームを買って、お年玉がもう**無**い。

④学校のろうかは、右**側**を歩きます。

⑤心を**改**めて、もう一度取り組む。

⑥船で、世界一**周**の旅をする。

⑦さくらの木が、**害**虫のせいでかれた。

ヒント　周　改　害　課　側　無　省

光村4年⑥

97

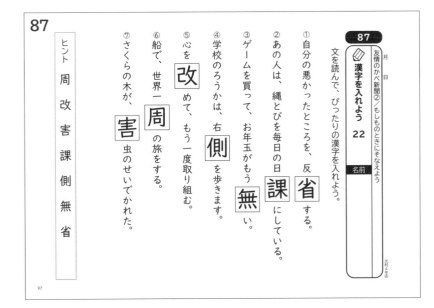

88

月　日

自分だけの詩集を作ろう／言葉かられん想を広げて／熟語の意味①

かくれたパーツをさがせ 30

名前

かくれたパーツをさがして、かんせいさせよう。

① 共（キョウ）　共通点《きょうつうてん》がない。

② 連（レン）　十連発《じゅうれんぱつ》の花火《はなび》。

③ 願（ねが(う)）　長年《ながねん》の願《ねが》い。

④ 望（のぞ(む)）　雨《あめ》を待《ま》ち望《のぞ》む。

⑤ 失（シツ）　失礼《しつれい》なたい度《ど》。

⑥ 辺（べ）　湖《みずうみ》の岸辺《きしべ》を歩《ある》く。

89

月　日

熟語の意味②

かくれたパーツをさがせ 31

名前

かくれたパーツをさがして、かんせいさせよう。

① 低（ひく(い)）　高《たか》い山《やま》と低《ひく》い山《やま》。

② 敗（やぶ(れる)）　決勝《けっしょう》で敗《やぶ》れる。

③ 老（ロウ）　元気《げんき》な老人《ろうじん》。

④ 底（テイ）　海底《かいてい》の生《い》き物《もの》。

⑤ 票（ヒョウ）　投票《とうひょう》用紙《ようし》に書《か》く。

⑥ 陸（リク）　陸地《りくち》を発見《はっけん》する。

90

月　日

熟語の意味③／風船でうちゅうへ①

かくれたパーツをさがせ 32

名前

かくれたパーツをさがして、かんせいさせよう。

① 管（カン）　時間《じかん》を管理《かんり》する。

② 衣（イ）　夏《なつ》の衣服《いふく》を出《だ》す。

③ 完（カン）　火《ひ》を完全《かんぜん》に消《け》す。

④ 験（ケン）　理科《りか》の実験《じっけん》。

⑤ 別（わか(れる)）　友《とも》と駅《えき》で別《わか》れる。

⑥ 残（のこ(る)）　屋根《やね》に雪《ゆき》が残《のこ》る。

91

月　日

風船でうちゅうへ②／つながりに気をつけよう①

かくれたパーツをさがせ 33

名前

かくれたパーツをさがして、かんせいさせよう。

① 希（キ）　希望《きぼう》を持《も》つ。

② 努（つと(める)）　勉学《べんがく》に努《つと》める。

③ 束（たば）　母《はは》に花束《はなたば》を送《おく》る。

④ 巣（す）　鳥《とり》が巣箱《すばこ》に帰《かえ》る。

⑤ 産（う(まれる)）　子犬《こいぬ》が産《う》まれた。

⑥ 候（コウ）　今日《きょう》は悪天候《あくてんこう》だ。

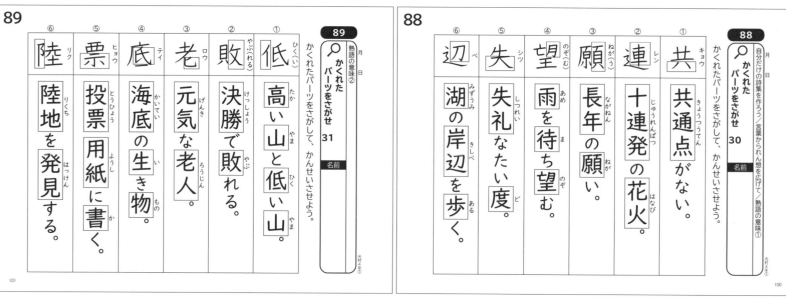

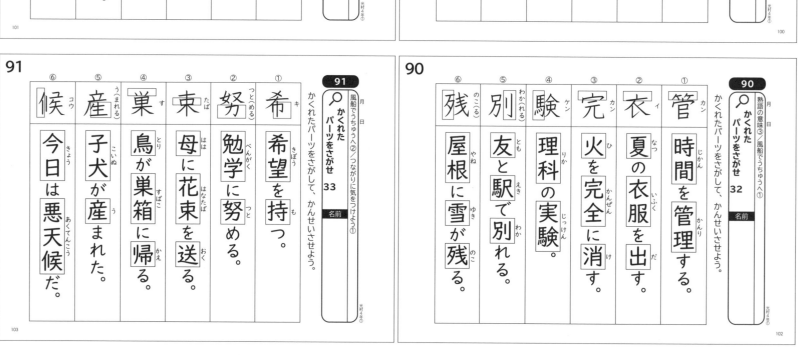

3学期の答え 92〜95

92

つながりに気をつけよう②　月　日

かくれたパーツをさがせ 34　名前

かくれたパーツをさがして、かんせいさせよう。

① 察《サツ》　調《しら》べて考察《こうさつ》する。
② 特《トク》　特急《とっきゅう》電車《でんしゃ》に乗《の》る。
③ 兆《チョウ》　地《じ》しんの前兆《ぜんちょう》。
④ 億《オク》　億万《おくまん》長者《ちょうじゃ》になる。
⑤ 鏡《かがみ》　鏡《かがみ》に顔《かお》がうつる。

光村4年①

93

スワンレイクのほとりで　月　日

かくれたパーツをさがせ 35　名前

かくれたパーツをさがして、かんせいさせよう。

① 散《サン》　犬《いぬ》の散歩《さんぽ》をする。
② 民《ミン》　住民《じゅうみん》が話《はな》し合《あ》う。
③ 覚《おぼ(える)》　漢字《かんじ》を覚《おぼ》える。
④ 勇《いさ(む)》　勇《いさ》ましいかけ声《ごえ》。
⑤ 笑《わら(う)》　大声《おおごえ》で笑《わら》う。

光村4年①

94

自分だけの詩集を作ろう／言葉から連想を広げて／熟語の意味①　月　日

漢字足し算 23　名前

漢字の足し算をしよう。

① 卄 + 一 + 八 = 共 → 公共
② 車 + 辶 = 連 → 連休
③ 厂 + 白 + 小 + 頁 = 願 → 願書
④ 亡 + 月 + 王 = 望 → 待望
⑤ 𠂉 + 大 = 失（別解 矢） → 失礼
⑥ 刀 + 辶 = 辺 → 海辺
⑦ 亻 + 氏 + 一 = 低 → 低温

＊答えの漢字でことばを作ろう。

光村4年②

95

熟語の意味②　月　日

漢字足し算 24　名前

漢字の足し算をしよう。

① 貝 + 攵 = 敗 → 敗者
② 土 + ノ + 匕 = 老 → 老いる
③ 广 + 氏 + 一 = 底 → 海底
④ 覀 + 二 + 小 = 票 → 投票
⑤ 阝 + 土 + 八 + 土 = 陸 → 着陸
⑥ ⺮ + 宀 + 㠯 = 管 → 血管
⑦ 亠 + 亻 + 𧘇 = 衣 → 衣服

＊答えの漢字でことばを作ろう。

光村4年②

96

96 月　日

風船でうちゅうへ

漢字足し算 25

名前

漢字の足し算をしよう。

① 宀＋二＋儿＝完 → 完成
② 馬＋人＋夾＝験 → 体験
③ 口＋力＋刂＝別 → 別人
④ 歹＋三＋戈＝残 → 残暑
⑤ メ＋ナ＋巾＝希 → 希望
⑥ 女＋又＋力＝努 → 努力

＊答えの漢字でことばを作ろう。

光村4年②

97

97 月　日

つながりに気をつけよう①

漢字足し算 26

名前

漢字の足し算をしよう。

① 一＋口＋木＝束 → 約束
② ⺍＋日＋木＝巣 → 巣箱
③ 立＋ノ＋生＝産 → 出産
④ 亻＋丨＋ユ＋矢＝候 → 天候
⑤ 宀＋夕＋又＋示＝察 → 考察
⑥ 牛＋土＋寸＝特 → 特長
⑦ 丬＋し＋く＝兆 → 前兆

＊答えの漢字でことばを作ろう。

光村4年②

98

98 月　日

つながりに気をつけよう②／スワンレイクのほとりで

漢字足し算 27

名前

漢字の足し算をしよう。

① 亻＋立＋日＋心＝億 → 百億
② 金＋立＋日＋儿＝鏡 → 鏡台
③ 廾＋月＋攵＝散 → 散らす
④ 尸＋七＝民 → 市民
⑤ ⺍＋冖＋見＝覚 → 感覚
⑥ マ＋田＋力＝勇 → 勇者
⑦ ⺮＋ノ＋大＝笑 → 笑い声

＊答えの漢字でことばを作ろう。

光村4年②

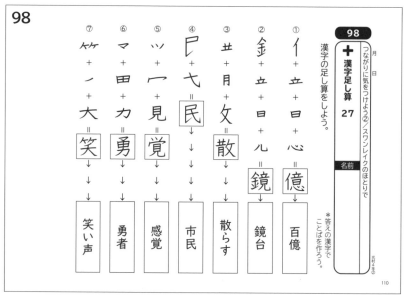

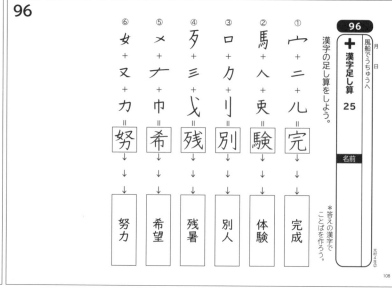

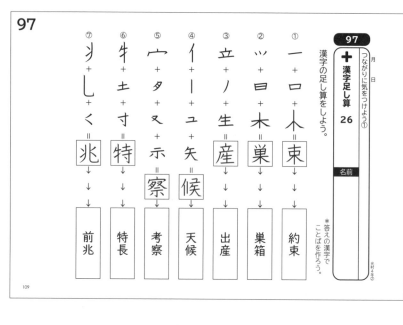

99

99 月 日

自分だけの詩集を作ろう／言葉かられん想を広げて／熟語の意味①

足りないのはどこ（形をよく見て）15

名前

足りないところを見つけて、正しく書こう。

① 公《こう》共《きょう》 → 公共

② 連《れん》休《きゅう》 → 連休

③ 願《がん》書《しょ》 → 願書

④ 待《たい》望《ぼう》 → 待望

⑤ 失《しつ》礼《れい》 → 失礼

⑥ 海《うみ》辺《べ》 → 海辺

⑦ 低《てい》温《おん》 → 低温

⑧ 敗《はい》者《しゃ》 → 敗者

⑨ 老《お》いる → 老いる

⑩ 海《かい》底《てい》 → 海底

⑪ 投《とう》票《ひょう》 → 投票

⑫ 着《ちゃく》陸《りく》 → 着陸

光村4年③

111

100

100 月 日

熟語の意味②／風船でうちゅうへ／つながりに気をつけよう①

足りないのはどこ（形をよく見て）16

名前

足りないところを見つけて、正しく書こう。

① 血《けっ》管《かん》 → 血管

② 衣《い》服《ふく》 → 衣服

③ 完《かん》成《せい》 → 完成

④ 体《たい》験《けん》 → 体験

⑤ 別《べつ》人《じん》 → 別人

⑥ 残《ざん》暑《しょ》 → 残暑

⑦ 希《き》望《ぼう》 → 希望

⑧ 努《ど》力《りょく》 → 努力

⑨ 約《やく》束《そく》 → 約束

⑩ 巣《す》箱《ばこ》 → 巣箱

⑪ 出《しゅっ》産《さん》 → 出産

⑫ 天《てん》候《こう》 → 天候

光村4年③

112

101

101 月 日

つながりに気をつけよう②／スワンレイクのほとりで

足りないのはどこ（形をよく見て）17

名前

足りないところを見つけて、正しく書こう。

① 考《こう》察《さつ》 → 考察

② 特《とく》長《ちょう》 → 特長

③ 前《ぜん》兆《ちょう》 → 前兆

④ 百《ひゃく》億《おく》 → 百億

⑤ 鏡《きょう》台《だい》 → 鏡台

⑥ 散《ち》らす → 散らす

⑦ 市《し》民《みん》 → 市民

⑧ 感《かん》覚《かく》 → 感覚

⑨ 勇《ゆう》者《しゃ》 → 勇者

⑩ 笑《わら》い声《ごえ》 → 笑い声

光村4年③

113

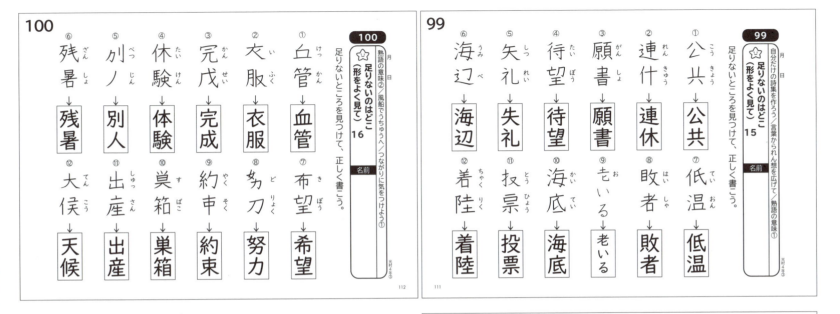

102

102 月 日
自分だけの詩集を作ろう／言葉かられん想を広げて／熟語の意味①
漢字を入れよう 23
名前
光村4年㊦

文を読んで、ぴったりの漢字を入れよう。

①ぼくときみとの、共通点をさがす。
②今週は、金、土、日と三連休です。
③やっとのことで、長年の願いがかなった。
④長年の望みが、ようやくかなった。
⑤うっかりして、大切なチャンスを失った。
⑥三角形の、三つの辺の長さをはかる。
⑦ぼくは兄より、ずいぶんせが低い。

ヒント 低 共 願 望 連 失 辺

114

103

103 月 日
熟語の意味②
漢字を入れよう 24
名前
光村4年㊦

文を読んで、ぴったりの漢字を入れよう。

①全国大会の、おしくも決勝で敗れる。
②バスで、乗ってきた老人に席をゆずる。
③海ぞくの船が、海の底にしずんだ。
④明日は、市長選挙の投票日です。
⑤船の上から、遠くの陸地を見る。
⑥水道管がやぶれて、水びたしになる。
⑦秋になり、夏の衣類をしまう。

ヒント 老 票 敗 衣 管 底 陸

115

104

104 月 日
風船でうちゅうへ
漢字を入れよう 25
名前
光村4年㊦

文を読んで、ぴったりの漢字を入れよう。

①動いていた電車が、完全に止まった。
②理科で、物の温まり方の実験をする。
③友だちと駅で、手をふって別れる。
④屋根の上に、昨日の雪が残っている。
⑤あの人は、みんなの希望の星だ。
⑥人の十倍努力して、成しとげる。

ヒント 験 残 希 別 完 努

116

105

105 月 日
つながりに気をつけよう①
漢字を入れよう 26
名前
光村4年㊦

文を読んで、ぴったりの漢字を入れよう。

①プレゼントに、バラの花束をおくる。
②小鳥が木のえだに、巣を作っている。
③かわいい子犬が、三びき産まれた。
④この島は、一年を通しておだやかな気候です。
⑤アサガオの育ち方を、観察する。
⑥旅行に行くのに、特急電車に乗った。
⑦一億の一万倍は、一兆です。

ヒント 察 巣 兆 候 束 産 特

117

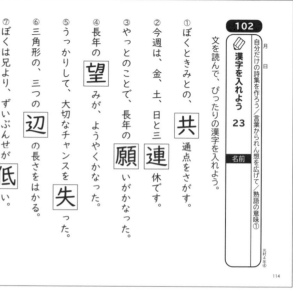

3学期の答え

106

106

月　日

つながりに気をつけよう②／スワンレイクのほとりで

漢字を入れよう 27

名前

光村4年④

文を読んで、ぴったりの漢字を入れよう。

①たからくじが当たって［億］万長者になる。

②天体望遠［鏡］で、星を見た。

③朝早く、犬を［散］歩に連れて行く。

④新しい市長が、住［民］の声を聞く。

⑤四年生は、漢字を二百文字あまり［覚］える。

⑥強い相手と、［勇］気を出して戦う。

⑦おかしくて、大きな口を開けて［笑］う。

ヒント　民　鏡　覚　散　笑　勇　億

118

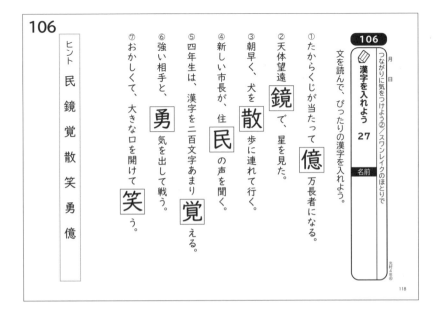

【監修者】
竹田　契一（たけだ　けいいち）
大阪医科薬科大学 LD センター顧問，大阪教育大学名誉教授

【著者】
村井　敏宏（むらい　としひろ）
青丹学園発達・教育支援センター フラーテル L.C.，
S.E.N.S（特別支援教育士）スーパーバイザー，言語聴覚士，
日本 LD 学会会員，日本 INREAL 研究会事務局

中尾　和人（なかお　かずひと）
小学校教諭，S.E.N.S（特別支援教育士），公認心理師，
精神保健福祉士，日本 LD 学会会員

【イラスト】 木村美穂
【表紙デザイン】 ㈲ケイデザイン

通常の学級でやさしい学び支援
改訂　読み書きが苦手な子どもへの
＜漢字＞支援ワーク　光村図書４年

2024年８月初版第１刷刊　監修者　竹田契一
©著者　村井敏宏
中尾和人
発行者　藤原光政
発行所　明治図書出版株式会社
http://www.meijitosho.co.jp
（企画・校正）西野千春
〒114-0023　東京都北区滝野川7-46-1
振替00160-5-151318　電話03（5907）6640
ご注文窓口　電話03（5907）6668
＊検印省略　組版所　株式会社明昌堂

Printed in Japan　ISBN978-4-18-889432-3